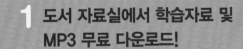

500만 독자가 선택한

가장 쉬운
독학 일본어 첫걸음
14,000원

가장 쉬운
독학 중국어 첫걸음
14,000원

가장 쉬운
독학 베트남어 첫걸음
15,000원

가장 쉬운
독학 스페인어 첫걸음
15,000원

가장 쉬운
독학 프랑스어 첫걸음
16,500원

가장 쉬운
독학 태국어 첫걸음
16,500원

가장 쉬운
프랑스어 첫걸음의 모든 것
17,000원

가장 쉬운
독일어 첫걸음의 모든 것
18,000원

가장 쉬운
스페인어 첫걸음의 모든 것
14,500원

첫걸음 베스트 1위!

가장 쉬운 러시아어
첫걸음의 모든 것
16,000원

가장 쉬운 이탈리아어
첫걸음의 모든 것
17,500원

가장 쉬운 포르투갈어
첫걸음의 모든 것
18,000원

버전업! 가장 쉬운
베트남어 첫걸음
16,000원

가장 쉬운 터키어
첫걸음의 모든 것
16,500원

버전업! 가장 쉬운
아랍어 첫걸음
18,500원

가장 쉬운 인도네시아어
첫걸음의 모든 것
18,500원

버전업! 가장 쉬운
태국어 첫걸음
16,800원

가장 쉬운 영어
첫걸음의 모든 것
16,500원

버전업! 굿모닝
독학 일본어 첫걸음
14,500원

가장 쉬운 중국어
첫걸음의 모든 것
14,500원

오늘부터는 팟캐스트로 공부하자!

팟캐스트 무료 음성 강의

▶▶ 1
iOS 사용자

Podcast 앱에서
'동양북스' 검색

▶▶ 2
안드로이드 사용자

플레이스토어에서 '팟빵' 등
팟캐스트 앱 다운로드,
다운받은 앱에서
'동양북스' 검색

▶▶ 3
PC에서

팟빵(www.podbbang.com)에서
'동양북스' 검색
애플 iTunes 프로그램에서
'동양북스' 검색

◉ **현재 서비스 중인 강의 목록** (팟캐스트 강의는 수시로 업데이트 됩니다.)

- 가장 쉬운 독학 일본어 첫걸음
- 페이의 적재적소 중국어
- 가장 쉬운 독학 중국어 첫걸음
- 중국어 한글로 시작해
- 가장 쉬운 독학 베트남어 첫걸음

매일 매일 업데이트 되는 동양북스 SNS! 동양북스의 새로운 소식과 다양한 정보를 만나보세요.

 blog.naver.com/dymg98   📷 instagram.com/dybooks   f facebook.com/dybooks   🐦 twitter.com/dy_books

| 일본어뱅크 |

배우면 배울수록 일본어가 좋아지는

좋아요
일본어

감영희 · 사이키 가쓰히로 · 사쿠마 시로 지음

5

동양북스

| 일본어뱅크 |

배우면 배울수록 일본어가 좋아지는

좋아요
일본어5

초판 인쇄 | 2019년 8월 05일
초판 발행 | 2019년 8월 15일

지은이 | 감영희, 사이키 가쓰히로, 사쿠마 시로
발행인 | 김태웅
편집장 | 강석기
책임편집 | 김효은
디자인 | 김효정
마케팅 | 나재승
제　작 | 현대순
일러스트 | 임은정

발행처 | (주)동양북스
등　록 | 제 2014-000055호
주　소 | 서울시 마포구 동교로22길 14 (04030)
구입문의 | 전화 (02)337-1737　팩스 (02)334-6624
내용문의 | 전화 (02)337-1762　dybooks2@gmail.com

ISBN 979-11-5768-518-9 14730
　　　979-11-5768-282-9 (세트)

ⓒ 감영희 · 사이키 가쓰히로 · 사쿠마 시로, 2019

이 도서의 국립중앙도서관 출판예정도서목록(CIP)은 서지정보유통지원시스템 홈페이지(http://seoji.nl.go.kr)와 국가자료공동목록시스템
(http://www.nl.go.kr/ kolisnet)에서 이용하실 수 있습니다.
(CIP제어번호:CIP2019023747)

머리말

일본어는 한국인에게 배우기 쉬운 외국어로 알려져 있습니다. 그것은 양국의 언어가 같은 우랄 · 알타이어족으로 어순이 같고 문법이나 어휘적 측면에서 비슷한 부분이 많기 때문일 것입니다. 또한 음성학적으로도 몇 가지 발음체계 자체의 상이함이나 한국어에는 없는 발음도 있지만, 일본어 발음에 필요한 요소들 대부분은 한국인 학습자에게 그다지 어렵지 않을 것이라는 판단 때문입니다.

본 교재는 그러한 측면에서 '일본어를 학습하는 데 있어 한국인 학습자가 지닌 장점'을 최대한 활용할 수 있도록 노력하였습니다. 이를 위해 때로는 복잡한 부분을 생략하거나 보다 더 간략하게 정리하기도 했습니다.

예를 들면, 유사한 문법을 많이 다루거나 비교를 위해 필요 이상으로 복잡한 연습을 시키는 일은 하지 않았습니다. 또한, 접속 형태나 의미 기능에 관해서도 상세한 설명은 하지 않고 예문과 연습 문제를 통해 쉽게 이해할 수 있도록 유도하였습니다. 꼭 필요한 경우에는 [Tip]을 달아 간략하게 설명하는 것으로 대체했습니다. 그리고 문법이 단계별로 구성되어 있지만 일반적인 문법 교재에 나올 만한 문법을 모두 다루지는 않았습니다. 기본은 단계별로 하되, 그보다 더 사용빈도가 높거나 공부하기 쉬운 문법을 중요시했기 때문입니다.

이 시점에서 '심화학습을 기대하기 어렵다'는 불만이 나올 수도 있습니다. 하지만 저자 일동은 문법 사항을 총망라하는 것보다 비교적 이해하기 쉽고 사용에 편리한 내용을 우선 도입함으로써, 학습자의 마음을 편히 하고 재미있는 학습을 유도하여 성취감을 얻을 수 있다는 점에 더 중점을 두었습니다. 학습 과정에서 어려운 벽에 부딪혀 중도에 포기하고 마는 안타까운 일이 있어서는 안 되기 때문입니다. 저자 일동은 학습자들이 본 교재를 통해 '일본어는 정말 쉽고 재미있다'는 생각을 하게 되기를 진정으로 바랍니다.

외국어 학습이란 긴 여행과도 같습니다. 아무리 뛰어난 교재라 할지라도 긴 여행에 필요한 모든 것을 갖추기란 어려운 일입니다. 본 교재는 이제 중급 수준으로 올라 거기서 만나게 될 다양한 표현들을 익히는 데에 필요한 최소한의 내용을 가장 알차게 다룸으로써, 실패하는 학습자가 생기지 않도록 세심한 주의를 기울여 구성하였습니다. 일본어 학습이라는 기나긴 여행을 본 교재와 함께한다면, 가던 길을 금방 멈추고 되돌아서는 일은 결코 없을 것임을 확신합니다.

부디 학습자 여러분의 일본어 학습에 도움이 되는 좋은 교재가 되기를 희망하며, 좋은 성과가 있기를 기원합니다.

감사합니다.

2019년 7월 저자 일동

이 책의 구성과 특징

▶ 전체 구성

모두 10개 과로 구성되었으며, 각 과는 회화, 문법 설명, 심화 학습을 위한 다양한 연습, 문제 풀이, 펜맨십, 일본 언어 탐구 등을 배치하여 학습의 효율성을 극대화하는 데 역점을 두었다. 이상의 요소를 아래에 자세하게 설명한다.

1. 단원 소개

각 과의 제목과 해당 과에서 학습하게 될 주요 내용을 간략하게 소개한다.

2. 회화

각 과에서 학습할 모든 사항이 집약된 메인 회화문이다. 먼저 읽기와 뜻 파악에 도전해 보고, 문법 사항들을 학습한 후에 다시 한 번 도전해 봄으로써 학습자 스스로 향상된 실력을 점검해 볼 수 있다.

3. 학습 포인트

각 과에서 학습할 문법을 항목별로 자세하게 다루었다. 특히 각 항목마다 제공되는 풍부한 예문은 이해도를 높여 학습 동기 부여에 큰 도움이 된다.

4. 연습

'학습 포인트'에서 익힌 내용을 '공란을 채워 문장 완성하기' 등의 방법을 이용해 연습함으로써 핵심 내용을 확실하게 자기 것으로 만들 수 있도록 했다.

5. 회화 연습

주어진 질문에 대답하는 형식이다. 대답은 정답이 있는 것이 아니라 학습자의 상황에 맞는 대답을 하는 형식이어서 강의실에서 다양한 상황을 연출할 수 있다. 이는 학습자의 수업 참여도에 큰 이점으로 작용할 것으로 기대된다.

6. 읽기 연습

각 과에서 학습한 내용이 집약된 비교적 긴 문장을 읽고 해석해 봄으로써 지금까지 학습한 내용을 되새김하는 시간을 제공한다. 얼마나 정확한 해석이 가능한지 측정해 보고, 특히 읽을 때는 처음부터 끝까지 틀리지 않고 읽을 수 있도록 도전해 보는 것도 좋은 효과를 낼 수 있다.

7. 쓰기 연습

학습한 내용을 바탕으로 지시문에 따라 자신의 생각을 일본어로 옮겨 보는 작문 연습이다. 이는 말하기 연습과 같은 효과를 낼 수 있어서 '읽기 연습'과 더불어 각 과의 최종 정리 시간이 된다.

9. JLPT에 도전!

각종 시험에서 나올 수 있는 문제 형식을 이용해 각 과에서 학습한 내용도 점검하고 JPT, JLPT 등 대표적인 일본어 능력시험의 문제 형식에도 익숙해질 수 있어서 일거양득의 효과를 기대할 수 있다.

* 일본 언어 탐구

'일본 언어 탐구'에서는 미묘한 뉘앙스 차이로 인해 헷갈리기 쉬운 일본어 표현과 일본어 속담 등을 알아봄으로써 일본 문화와 정서 등을 파악하는 데에 도움이 되도록 구성하였다.

* 펜맨십

'펜맨십'에서는 각 과에서 학습한 내용과 관련된 가타카나와 한자 어휘를 직접 따라 써 보면서 익힐 수 있도록 구성하였다.

동사 활용 정리

	사전형	ます형 (~합니다)		て형 (~하고, ~해서)	
1그룹	会う (만나다)	会い	ます	会っ	て
	聞く (듣다)	聞き	ます	聞い	て
	話す (이야기하다)	話し	ます	話し	て
2그룹	食べる (먹다)	食べ	ます	食べ	て
	見る (보다)	見	ます	見	て
3그룹	する (하다)	し	ます	し	て
	来る (오다)	来	ます	来	て

	ない형 (~하지 않다)		た형 (~했다)		가능형 (~할 수 있다)
1그룹	会わ	ない	会っ	た	会える
	聞か	ない	聞い	た	聞ける
	話さ	ない	話し	た	話せる
2그룹	食べ	ない	食べ	た	食べられる
	見	ない	見	た	見られる
3그룹	し	ない	し	た	できる
	来	ない	来	た	来られる

もうすぐ
来^くるはずです。

이제 곧 올 겁니다.

point

Track 5-01-01

青木 あれ？田中さん、まだなんですか。
電話してみましょうか。

曹 いえ、じきに来るはずですから、
もう少し待ってみましょう。

······

青木 いくら待っても来ませんね。どうしたんでしょうか。

曹 おかしいですね。
田中さんが約束を破るはずはないんですが。

青木 電話してみますね。······うーん、出ませんね。

曹 おかしいですね。普段ならすぐに出るはずなんですが。
心配ですね。

▶ **낱말과 표현**

じきに 곧 ┃ おかしい 이상하다 ┃ 約束を破る 약속을 어기다 ┃ 電話に出る 전화를 받다 ┃ 普段 평소

01 ～はずだ ～ㄹ 것이다, ～ㄹ 터이다 (확신)

>> 【보통체】 + はずだ

>> 【な형용사 어간】 + なはずだ

>> 【명사】 + のはずだ

| 예문 |

❶ がんばれ！君ならできるはずだよ。
힘내! 너라면 할 수 있을 거야.

❷ 家には今、誰もいないはずだけど。
집에는 지금 아무도 없을 텐데.

❸ 彼女と同じグループなら、きっと楽しいはずです。
그녀와 같은 그룹이라면 분명 즐거울 것입니다.

❹ 来週は暇なはずだから、行けると思うよ。
다음 주는 한가할 테니까 갈 수 있을 것 같아.

❺ 今井さんなら今日は休みのはずですけど。
이마이 씨라면 오늘은 휴일일 텐데요.

▶ 낱말과 표현

同じだ 같다 | グループ 그룹 | きっと 분명(히)

02 ～はずがない ～ㄹ 리가 없다

| 예문 |

❶ こんな本、売れるはずがないよ。

이런 책 팔릴 리가 없어.

❷ 麻酔をしたので、痛いはずはないのですが。

마취를 했기 때문에 아플 리는 없습니다만.

❸ 国家試験がそんなに簡単なはずがない。

국가 고시가 그렇게 쉬울 리가 없다.

❹ そんな話、本当のはずがありませんよ。

그런 이야기, 사실일 리가 없습니다.

❺ 幽霊なんて、いるはずないよ。

유령 따위 있을 리 없지.

Tip

'～わけがない'도 비슷한 의미로
사용됩니다. 단, '～はずがない'
가 '가능성'을 문제 삼는 데 비해,
'～わけがない'는 '도리'를 문제
삼기 때문에 '당연하다'는 느낌이
더 강합니다.

俺があいつに負けるはずがない。
≒俺があいつに負けるわけがない。
내가 그 녀석한테 질 리가 없어.

Tip

예문 ②처럼 '～はずはない' 형태
인 경우 '～ㄹ 리는 없다'로 해석
됩니다.

Tip

예문 ⑤처럼 조사가 생략되는 경
우도 있습니다.

▶ **낱말과 표현**

売れる 팔리다 | **麻酔** 마취 | **国家試験** 국가시험, 국가 고시 | **幽霊** 유령

03 いくら～ても 아무리 ~해도

>> いくら＋【て형】＋も

|예문|

❶ いくら食^たべても太^{ふと}りません。

아무리 먹어도 살찌지 않습니다.

❷ いくら呼^よんでも返事^{へんじ}がありません。

아무리 불러도 대답이 없습니다.

❸ いくら働^{はたら}いてもお金^{かね}が貯^たまりません。

아무리 일해도 돈이 모이지 않습니다.

❹ いくら親切^{しんせつ}でも、簡単^{かんたん}に信^{しん}じちゃ駄目^{だめ}だよ。

아무리 친절해도 쉽게 믿으면 안 돼.

❺ いくらかわいくても、甘^{あま}やかしすぎは良^よくないよ。

아무리 귀여워도 너무 오냐오냐 키우는 건 좋지 않아.

Tip

뒤의 내용이 부정형이 되는 경우
가 많습니다. 또한 'いくら' 대신
'どれだけ'나 'どんなに'를 사용할
수도 있습니다.

どれだけ寝^ねても眠^{ねむ}い。
아무리 자도 졸린다.

どんなに好^すきでもいつかは飽^あきる。
아무리 좋아해도 언젠가는 질린다.

▶ **낱말과 표현**

太^{ふと}る 살찌다 | 呼^よぶ 부르다 | 返事^{へんじ} 대답 | お金^{かね}が貯^たまる 돈이 모이다 | 信^{しん}じる 믿다 | 駄目^{だめ}だ 안되다, 못쓰다 |
甘^{あま}やかす 오냐오냐 키우다, 응석받이로 키우다 | 飽^あきる 질리다

▶ 아래와 같이 문장을 완성해 봅시다.

예)

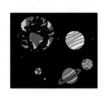

ある

この広い宇宙のどこかに、
地球に似た星がきっと<u>あるはず</u>です。

이 넓은 우주 어딘가에 지구와 닮은 별이 분명 있을 것입니다.

❶

なお
治る

薬を飲んだので、

じきに＿＿＿＿＿＿＿＿＿＿＿です。

❷

あつ
暑い

おきなわ　　　　がつ
沖縄は10月でも

まだ＿＿＿＿＿＿＿＿＿＿＿ですよ。

❸

かね も
(お)金持ち

かれ　とう し　せいこう
彼は投資で成功したので、

＿＿＿＿＿＿＿＿＿＿＿です。

❹

ごうかく
合格する

がん ば
これまで頑張ってきましたから、

あした　し けん
明日の試験には＿＿＿＿＿＿＿＿＿です。

▶ **낱말과 표현**

うちゅう
宇宙 우주 ｜ **地球** 지구 ｜ **似る** 닮다 ｜ **星** 별 ｜ **治る** 낫다 ｜ **(お)金持ち** 부자 ｜ **投資** 투자 ｜ **成功** 성공 ｜
ごうかく
合格する 합격하다

▶ 아래와 같이 문장을 완성해 봅시다.

예)

| 좋다 | 毎日遊んでばかりいるのに、成績が<u>いいはず</u>がない。 |

매일 놀기만 하고 있는데 성적이 좋을 리가 없다.

❶ 알다
(이해하다)

そんないい加減な説明じゃ、みんな

_____がないよ。

❷ 조용하다

うちには子供が5人もいるんですよ。家の中が

_____がありません。

❸ 맛없다

ベテランの料理人が作ったんですから、

_____がないでしょう。

❹ 포기하다

彼はしつこいからね。一度断ったくらいでは

_____がないよ。

▶ 낱말과 표현

いい加減だ 어설프다, 엉성하다 | 説明 설명 | 分かる 알다, 이해하다 | うち 우리 집 | 静かだ 조용하다 |
ベテラン 베테랑 | 料理人 요리사 | まずい 맛없다 | しつこい 집요하다 | 断る 거절하다 | あきらめる 포기하다

▶ 아래와 같이 문장을 완성해 봅시다.

예)

| ある
足_たりる | 忙_{いそが}しくて、いくら時間_{じかん}があっても足_たりません。
바빠서 아무리 시간이 있어도 모자랍니다. |

❶ 強_{つよ}い
負_まける

今度_{こんど}の試合_{しあい}、相手_{あいて}がいくら＿＿＿＿＿＿＿も

絶対_{ぜったい}に＿＿＿＿＿＿＿ません。

❷ 運動_{うんどう}する
やせる

なぜでしょう。いくら＿＿＿＿＿＿＿も

全然_{ぜんぜん}＿＿＿＿＿＿＿ません。

❸ 叱_{しか}る
聞_きく

あの子_こは、いくら＿＿＿＿＿＿＿も

言うことを＿＿＿＿＿＿＿ません。

❹ 嫌_{きら}いだ
言_いう

あの人_{ひと}のことがいくら＿＿＿＿＿＿＿も、

決_{けっ}して悪口_{わるくち}は＿＿＿＿＿＿＿ません。

▶ 낱말과 표현

足_たりる 족하다 (→ 足_たりない 모자라다, 부족하다) | 負_まける 지다 | 今度_{こんど} 이번 | 試合_{しあい} 시합 | 相手_{あいて} 상대(방) |
絶対_{ぜったい}に 절대로 | やせる 살 빠지다 | なぜ 왜, 어째서 | 全然_{ぜんぜん} 전혀 | 叱_{しか}る 야단치다, 꾸짖다 |
言_いうことを聞_きく 말을 듣다 | 決_{けっ}して 결코 | 悪口_{わるくち}を言_いう 욕을 하다

▶ 주어진 질문에 예와 같이 대답해 봅시다.

① 自分が固く信じていることはありますか。

예) いつかきっと運命の人と結婚できるはずです。

_____

② 自分がまったく信じていないことはありますか。

예) お化けなんてこの世にいるはずがありません。

_____

③ これまでに、いくら頑張っても思い通りにならなかったことはありますか。

예) いくら洗ってもワイシャツの染みが落ちませんでした。

_____

▶ **낱말과 표현**

自分 자기, 자신 │ **固い** 굳다 │ **いつか** 언젠가 │ **運命** 운명 │ **お化け** 귀신 │ **この世** 이 세상 │
思い通りに 생각대로, 뜻대로 │ **洗う** 씻다 │ **染みが落ちる** 얼룩이 빠지다

超常現象

Track 5-01-02

みなさんは超常現象を信じますか。例えば、幽霊や死後の世界、UFOや宇宙人、それに超能力やタイムスリップなど。私は半信半疑なのですが、親友のNはこれらの超常現象、特に幽霊や死後の世界を固く信じています。

Nは幽霊を見たことがあると言います。幼いころ、大きな手術をしたとき、幽体離脱をして死後の世界をかいま見たとも言います。Nがいくらこのようなことを話しても、ほとんどの人は信じてくれません。「幽霊なんているはずがない」、「死後の世界なんてあるはずがない」と。以前は私も同じように思っていましたが、Nの話を聞いてからは、気持ちが揺らいできました。

そもそもこの宇宙や生命、人間の存在自体がすべて現在の科学で説明できるものではありません。世界や自分の存在すら、そのようなあやふやなものであるわけですから、他にも科学で解明できないことが起こっても不思議ではないはずです。完全に信じているわけではありませんが、完全に否定もできないというのが、これらの超常現象に対する私の考えです。

▶ **낱말과 표현**

超常現象 초현실적 현상 | **例えば** 예를 들어 | **幽霊** 유령 | **死後の世界** 사후 세계 | **宇宙人** 외계인 |

それに 그리고, 게다가 | **超能力** 초능력 | **タイムスリップ** 타임슬립 | **など** 등 | **半信半疑** 반신반의 |

親友 친한 친구 | **これらの** 이들의, 이러한 | **特に** 특히 | **幼いころ** 어릴 적 | **手術** 수술 | **幽体離脱** 유체이탈 |

かいま見る 살짝 (엿)보다 | **ほとんど** 거의, 대부분 | **以前** 예전 | **同じように** 비슷하게, 마찬가지로 | **揺らぐ** 흔들리다 |

そもそも 애초 | **生命** 생명 | **人間** 인간 | **存在** 존재 | **自体** 자체 | **すべて** 모두 | **現在** 현재 | **科学** 과학 |

説明する 설명하다 | **〜すら** 〜조차 | **あやふやだ** 애매모호하다, 불확실하다 | **他にも** 그 밖에도, 그 외에도 |

解明する 해명하다 | **不思議だ** 이상하다, 신기하다, 불가사의하다 | **〜わけではない** 〜하는 것은 아니다 | **否定** 부정 |

考え 생각

▶ [읽기 연습]을 참고하여 자신이 믿고 있는 것이나 믿을 수 없는 것, 또는 반신반의하는 것에 대해 써 봅시다.

問題 1 つぎの文の(　　　)に入れるのに最もよいものを、①・②・③・④から一つえらび
なさい。

1 　確かこの辺に公園があった（　　　）です。

① はず　　　　　② べき　　　　　③ わけ　　　　　④ つもり

2 　父はいくらお酒を（　　　）酔いません。

① 飲んで　　　② 飲んだ　　　③ 飲んでも　　　④ 飲んだら

3 　こんな企画書が通るはずが（　　　）。

① います　　　② あります　　　③ いません　　　④ ありません

問題 2 つぎのことばの使い方として最もよいものを、①・②・③・④から一つえらびな
さい。

4 　きっと

① 彼はきっと来るはずです。

② 悪いことはきっとしてはいけません。

③ 今後ともきっとよろしくお願いします。

④ このことはきっと誰にも言わないでください。

問題 3 つぎの文の ___★___ に入る最もよいものを、①・②・③・④から一つえらびなさい。

5 あの子に _____ __★__ _____ _____ ない。

① 聞く　　　　② いくら　　　　③ はずが　　　　④ 言っても

✏️ 가타카나를 써 보자!

ワイシャツ 와이셔츠	ワイシャツ	
ブラウス 블라우스	ブラウス	
ベスト 베스트, 조끼	ベスト	
カーディガン 카디건	カーディガン	
ジャケット 재킷	ジャケット	

✏️ 한자를 써 보자!

にんげん 人間 인간	人間		
せいめい 生命 생명	生命		
かがく 科学 과학	科学		
げんしょう 現象 현상	現象		
かいめい 解明 해명	解明		

見るたびに
成長しています。

볼 때마다 성장하고 있습니다.

point

 Track 5-02-01

白　藤井君は見るたびに成長しているね。

藤井　部長、ありがとうございます。

白　次の取引も、君のプレゼン次第だよ。

藤井　はい、頑張ります。
　　　仕事を任されるたびにワクワクします。

白　そうか。頼もしいね。
　　　企画書はそろそろでき上がるのかな。

藤井　はい、もう少しです。でき次第、お見せします。

▶ **낱말과 표현**

~たびに ~할 때마다 | 成長 성장 | 次 다음 | 取引 거래 | プレゼン 프레젠테이션 | (명사＋)次第だ ~에 달려 있다 |
任す 맡기다 | ワクワクする 설레다 | 頼もしい 믿음직스럽다 | 企画書 기획서 | そろそろ 이제 슬슬 |
でき上がる 완성되다 | もう少しだ 거의 다 됐다 | できる 다 되다 | (동사 ます형＋)次第 ~하는 대로

01 ～たびに ~할 때마다

» 【동사 기본형】＋たびに

» 【명사】＋のたびに

| 예문 |

❶ 宝くじを買うたびに高額当選します。

복권을 살 때마다 고액 당첨됩니다.

❷ スーパーに買い物に行くたびに、隣のお嬢さんに会います。

마트에 장 보러 갈 때마다 옆집 아가씨를 만납니다.

❸ 彼女のことを想うたびに胸が熱くなります。

그녀를 생각할 때마다 가슴이 뜨거워집니다.

❹ 課長は出張のたびにお土産を買ってきてくれます。

과장님은 출장 때마다 선물을 사다 줍니다.

❺ あの先生は授業のたびに宿題を出すので嫌になる。

저 선생님은 수업 때마다 숙제를 내서 싫증이 난다.

▶ **낱말과 표현**

宝くじ 복권 | **高額** 고액 | **当選する** 당첨되다 | **お嬢さん** 아가씨 | **想う** 생각하다, 사모하다 | **胸** 가슴 |
熱い 뜨겁다 | **課長** 과장(님) | **出張** 출장 | **嫌になる** 싫증이 나다

02 ～次第 ～하는 대로

>> 【동사 ます형】＋次第

| 예문 |

❶ 返事が入り次第、ご報告いたします。

답장이 들어오는 대로 보고하겠습니다.

❷ 次の動画ができ次第、アップいたします。

다음 동영상이 완성되는 대로 업로드하겠습니다.

❸ 会議が終わり次第、そちらへ伺います。

회의가 끝나는 대로 그쪽으로 찾아뵙겠습니다.

❹ 日程が決まり次第、ご案内いたします。

일정이 정해지는 대로 안내해 드리겠습니다.

> **Tip**
>
> 비즈니스 장면이나 격식을 차린 상황에서 경어와 함께 사용되는 경우가 많습니다.

▶ **낱말과 표현**

返事 답장 | **報告** 보고 | **いたす** 하다(**する**의 겸양어) | **動画** 동영상 | **アップする** 업로드하다 | **会議** 회의 |
伺う 찾아뵙다, 방문하다(**たずねる**의 겸양어) | **日程** 일정 | **決まる** 정해지다, 결정되다

03 ~次第だ ~에 달려 있다, ~나름이다

» 【명사】 + 次第だ

| 예문 |

❶ 信じるか信じないかは、あなた次第ですよ。

믿을지 안 믿을지는 당신에게 달려 있어요.

❷ 今回のプロジェクトが成功するかどうかは、
彼らのやる気次第だ。

이번 프로젝트의 성공 여부는 그들의 의욕에 달려 있다.

❸ 試験に受かるかどうかは私の努力次第だ。

시험에 붙을지 안 붙을지는 내가 노력하기 나름이다.

❹ 今月の売上次第で、昇進が決まります。

이번 달 매상에 따라 승진이 결정됩니다.

→ 昇進できるかどうかは、今月の売上次第です。

승진할 수 있을지 없을지는 이번 달 매상에 달려 있습니다.

❺ 成績次第では、奨学金がもらえるかもしれない。

성적에 따라서는 장학금을 받을 수 있을지도 모른다.

→ 奨学金がもらえるかどうかは、成績次第だ。

장학금을 받을 수 있을지 없을지는 성적에 달려 있다.

Tip

예문 ④⑤처럼 '~次第で(は)'의 형태로 쓰이는 경우, '~에 따라(서는)'이라는 뜻이 됩니다. 예를 들어 'A次第で(A에 따라)'라고 하면, 단순히 A에 의거한다는 뜻이 아니라, A의 수준이 어떤 결과를 좌우하는 원인이 됨을 나타냅니다.

▶ **낱말과 표현**

信じる 믿다 | 今回 이번 | プロジェクト 프로젝트 | 成功する 성공하다 | やる気 의욕 | 試験に受かる 시험에 붙다 |
努力 노력 | 今月 이번 달 | 売上 매상 | 昇進 승진 | 奨学金 장학금

▶ 아래 예와 같이 문장을 완성해 봅시다.

예)

聞く

この歌を<u>聞くたびに</u>、昔のことを思い出します。

이 노래를 들을 때마다 옛날 일이 생각납니다.

❶

覚える

新しい日本語を＿＿＿＿＿＿＿＿＿＿＿＿＿＿＿＿、

喜びを感じます。

❷

見る

母は私の顔を＿＿＿＿＿＿＿＿＿＿＿＿＿＿＿＿、

「結婚しろ」とうるさく言います。

❸

かぐ

潮の香りを＿＿＿＿＿＿＿＿＿＿＿＿＿＿＿＿、

なぜか懐かしい気持ちになります。

❹

通る

うちの犬は、家の前を人が＿＿＿＿＿＿＿＿＿＿＿＿

吠えるので、困ります。

▶ **낱말과 표현**

～を思い出す ～이/가 생각나다 ｜ 喜び 기쁨 ｜ うるさい 시끄럽다 ｜ かぐ (냄새를) 맡다 ｜ 潮の香り 바다 냄새 ｜
なぜか 왠지 ｜ 懐かしい 그립다 ｜ 通る 지나가다 ｜ 吠える 짖다 ｜ 困る 곤란하다, 난처하다

▶ 아래와 같이 문장을 완성해 봅시다.

예)

결정되다	採用が<u>決まり次第</u>、募集を締め切ります。

채용이 결정되는 대로 모집을 마감합니다.

❶ 도착하다

駅に＿＿＿＿＿＿＿＿＿＿＿＿＿＿、

ご連絡さしあげます。

❷ (재고가)
떨어지다

在庫が＿＿＿＿＿＿＿＿＿＿＿＿＿、

販売終了となります。

❸ (비가)
그치다

雨が＿＿＿＿＿＿＿＿＿＿＿＿＿、

出発いたします。

❹ 끝나다

こちらの片付けが＿＿＿＿＿＿＿＿＿＿＿＿、

そちらの会場に向かいます。

▶ 낱말과 표현

採用 채용 | 募集 모집 | 締め切る 마감하다 | 着く 도착하다 | 在庫が切れる 재고가 떨어지다 | 販売 판매 | 終了 종료 |
～となる (결과적으로) ～이/가 되다 | 雨が止む / 雨が上がる 비가 그치다 | 片付け 뒷정리 | 終わる 끝나다 |
会場 행사장 | 向かう 향해서 가다

▶ 아래와 같이 문장을 완성해 봅시다.

예)

料理の味は、素材の＿＿質＿＿次第ですよ。

요리의 맛은 소재의 질에 달려 있어요.

❶ 撮影がいつ終わるかは、いつも監督の＿＿＿＿＿次第です。

❷ 明日、無事に飛行機に乗れるかどうかは、
台風の＿＿＿＿＿次第です。

❸ 安い食材でも、調理師の＿＿＿＿＿次第で、
豪華な料理にもなります。

❹ 奥さんが許してくれるかどうかは、君の＿＿＿＿＿次第だよ。

❺ 当日の＿＿＿＿＿次第では、運動会が中止になることもあります。

腕　　進路　　(質)　　天気　　気分　　謝り方

▶ 낱말과 표현

素材 소재 ｜ **質** 질 ｜ **撮影** 촬영 ｜ **監督** 감독 ｜ **無事に** 무사히 ｜ **台風** 태풍 ｜ **食材** 식재료 ｜ **調理師** 조리사, 요리사 ｜
豪華だ 호화롭다 ｜ **奥さん** 부인 ｜ **許す** 용서하다 ｜ **当日** 당일 ｜ **中止になる** 중지되다 ｜ **腕** 솜씨 ｜ **進路** 진로 ｜
謝り方 어떻게 사과 하는지, 사과 방식

▶ 주어진 질문에 예와 같이 대답해 봅시다.

① 聞くたびに何かを感じる歌や曲がありますか。

예) ○○の「△△」を聞くたびに、初恋を思い出します。

_____

② 会うたびに何かを感じる人がいますか。

예) ○○さんに会うたびに、「頭のいい人だな」と思います。

_____

③ 自分の努力次第でよい結果になることはありますか。

예) 日本語がうまくなるかどうかは、自分の努力次第です。

_____

▶ 낱말과 표현

曲 곡 | 初恋 첫사랑 | 自分 자기, 자신 | 結果 결과 | うまい 잘하다

お世話になった先生へ

 Track 5-02-02

先生、お元気ですか。名古屋に来て、もう2ヶ月になります。日本語学校の授業はとても面白くて、毎日が楽しいです。でも時々、先生の授業が懐かしくなります。先生は授業のたびに面白い話をしてくださいました。そして会うたびにいつも私を励ましてくださいました。先生には本当に感謝しています。

そういえば、このあいだJLPTのN1を受けました。もうすぐ結果が送られてくる予定です。自信はというと……、少しあります。JLPTを受けるたびに思うのですが、やはり漢字が大事ですね。でも私は幸い、先生の指導のおかげで漢字が得意になったので、今回の試験はあまり難しく感じませんでした。結果はわかり次第、ご報告しますね。

来月はいよいよ大学院入試です。専門科目と面接が少し心配です。でもこれまで本気で頑張ってきましたから、それなりの自信はあります。うまく行くも行かないも、結局自分次第ですからね。先生がいつもそんな話をされていたのを思い出します。大学院の方も決まり次第、ご連絡いたします。それでは、くれぐれもご自愛ください。

▶ 낱말과 표현

お世話になる 신세를 지다 | 時々 때때로, 가끔씩 | 励ます 격려하다 | 感謝する 감사하다 |

そういえば 그러고 보니 | このあいだ 지난번 | 受ける (시험을) 치다 | もうすぐ 이제 곧 | 送る 보내다 |

予定 예정 | 自信 자신(감) | やはり 역시 | 幸い 다행히 | 指導 지도 | ~のおかげで ~덕분에 |

得意だ (능숙해져) 자신이 있다 | 報告する 보고하다 | 来月 다음 달 | いよいよ 드디어 | 入試 입시 | 専門 전문, 전공 |

科目 과목 | 面接 면접 | 本気で 진심으로, 진지하게 | それなり 나름대로, 그런대로 | うまく行く 잘 되다 |

結局 결국 | 連絡する 연락하다 | くれぐれもご自愛ください 부디 몸조심하십시오

▶ [읽기 연습]을 참고하여 신세를 진 분에게 편지를 써 봅시다.

問題1 つぎの文の（　　　）に入れるのに最もよいものを、①・②・③・④から一つえ
らびなさい。

1 結果が（　　　）次第、お知らせいたします。

① 届か　　　　② 届き　　　　③ 届く　　　　④ 届け

2 事故のニュースを見る（　　　）、胸が痛みます。

① おきに　　　② すきに　　　③ たびに　　　④ たまに

3 授業のやり方（　　　）で、学習効果は大きく変わります。

① 上　　　　　② 勝手　　　　③ 次第　　　　④ より

問題2 ＿＿＿＿＿に意味が最も近いものを、①・②・③・④から一つえらびなさい。

4 雨が上がるまで、待ちましょう。

① 降る　　　　② 止む　　　　③ たまる　　　　④ 弱まる

問題3 つぎの文の　★　に入る最もよいものを、①・②・③・④から一つえらびなさい。

5 田舎の路地を ＿＿＿＿ ＿＿＿＿ ＿★＿ ＿＿＿＿ 気持ちになります。

① とても　　　② たびに　　　③ 懐かしい　　　④ 歩く

일본 언어 탐구

▶ 헷갈리기 쉬운 기초 일본어 표현 ❶

간단한 말인데 왜 자꾸 헷갈릴까요? 여기서는 초급 단계에서 배운 기초적인 말인데도 조금 복잡한 사정을 안고 있는 일본어 표현에 대해 소개하고자 합니다.

'その'와 'あの'

A와 B가 그 자리에 없는 공통 지인 C에 관한 이야기를 하고 있습니다. "그 사람이 나한테 이렇게 말했어요.", 이때 사용하는 지시어 '그'는 일본어로 무엇일까요?

정답은……. 'あの'입니다. '응? 왜 'その'가 아니라 'あの'지?' 이렇게 생각하신 분들도 많을 겁니다. 이것은 언어 습관의 차이입니다. 대화를 나누는 사람들이 그 자리에 없는 제삼자를 가리키는 경우, 그 사람이 공통된 지인이라면 멀리 떨어진 곳에 있는 그 사람을 같이 바라보듯이 'あの人'라고 부릅니다. 한편, A는 C를 알고 있지만 B는 모르는 경우, 화제 제공자인 A가 지인 C의 이미지 파일을 B에게 전송하는 양상이 됩니다. 그렇게 되면 A와 B는 상대방이 보고 있는 C의 화상을 가리키듯이 'その人'라고 부르게 됩니다. 네? 한숨이 나온다고요? 그래도 이런 것을 생각하고 이해하는 것도 일본어 공부의 재미가 아닐까요?

'ある'와 'いる'

문제를 하나 내 보겠습니다. 다음 A와 B 중 맞는 표현은 무엇일까요?

A タクシーがあります。

B タクシーがいます。

정답은……. 둘 다 맞습니다! '어? 'ある'는 사물이나 식물에, 'いる'는 사람이나 동물에 쓰는 것 아니었나? 택시는 분명히 사람도 동물도 아닌데?'라고 생각하는 분들도 있겠지요? 네, 맞습니다. 초급 단계에서 배운 것처럼 기본적으로는 그렇습니다. 그런데 사실은 실제로는 B도 자주 쓰는 표현입니다. 예를 들어 지인과 같이 택시를 타려고 큰 길가로 나와 보니, 때마침 택시 한 대가 거기에 잠시 머물러 있습니다. 바로 이때, "ちょうどタクシーがいますね."라고 말할 수 있는 것입니다. 이는 그 택시를 사물로 본다기보다 운전기사까지 포함해 감정을 품은 하나의 생명체로 본다는 것이지요.

자, 이제 마지막으로 아래의 예문을 보시겠습니다.

- 科学館にロボットが[あった／いた]よ。 (과학관에 로봇이 있었어요.)
- あ!あそこ、サバがたくさん[ある／いる]よ! (어! 저기, 고등어가 많이 있어!)

어떻습니까? 'ある'를 썼을 때와 'いる'를 썼을 때에 어떤 차이가 있는지 여기까지 읽은 여러분이라면 알 수 있겠지요?

가타카나를 써 보자!

サーバー 서버	サーバー	
クラウド 클라우드	クラウド	
ウェブサイト 웹사이트	ウェブサイト	
アップロード 업로드	アップロード	
ダウンロード 다운로드	ダウンロード	

한자를 써 보자!

企画 기획 き かく	企画	
会議 회의 かい ぎ	会議	
報告 보고 ほう こく	報告	
連絡 연락 れん らく	連絡	
相談 상담 そう だん	相談	

会ってほしい人が いるんです。

あ　ひと

만나 줬으면 하는 사람이 있습니다.

point

회화 ····························· Dialogue

西村　あ、ホさん、こっちこっち。

許　西村さん、すみません。大雨のせいで離陸が1時間も遅れてしまったんです。

西村　いえいえ、飛行機が遅れたおかげでゆっくり読書ができましたよ。

許　それならよかったです。

西村　じゃ、早速行きましょう。ホさんに会ってほしい人がいるんです。

許　え、誰ですか。気になりますね。

▶ **낱말과 표현**

大雨 폭우 | **離陸** 이륙 | **遅れる** 늦다, 지연되다 | **よかった** 다행이다 | **早速** 당장(행동 등이 예상보다 빠름을 나타냄) |
気になる 궁금하다, 신경이 쓰이다

01 ～てほしい ～했으면 하다, ～하기를 바라다

》 【동사 ～て / ～ないで】＋ほしい

する → してほしい 했으면 하다

しないでほしい 하지 않았으면 하다

| 예문 |

❶ 明日のプレゼンは、たくさんの人に見てほしいです。

내일 프레젠테이션은 많은 사람들이 봤으면 합니다.

❷ 若い人たちが希望を持てる社会になってほしい。

젊은 사람들이 희망을 가질 수 있는 사회가 되었으면 한다.

❸ 一生懸命努力をする彼には、ぜひ成功してほしい。

열심히 노력하는 그가 꼭 성공하기를 바란다.

❹ こんな残酷なシーンのある映画は、子供には見ないで

ほしい。

이런 잔혹한 장면이 있는 영화는 아이들이 보지 않기를 바란다.

Tip

'～てほしい'는 자신이 아닌 상대방, 혹은 제삼자에게 바라는 바를 나타내는 표현입니다. 따라서 그 행위의 주체에 '에게(는)'에 해당하는 'に(は)'를 붙여야 자연스러운 일본어 표현이 됩니다. 단, 주체가 사람이 아닌 경우에는 'が'를 붙이는 것이 일반적입니다.

毎日暑いので、そろそろ雨が降ってほしい。

매일 덥기 때문에 슬슬 비가 왔으면 한다.

二人の愛が永遠に続いてほしい。

두 사람의 사랑이 영원이 이어졌으면 한다.

▶ **낱말과 표현**

希望 희망 | 一生懸命 열심히 | 努力する 노력하다 | 成功する 성공하다 | 残酷だ 잔혹하다 | シーン 신, 장면 |

永遠に 영원히 | 続く 이어지다, 계속되다

02 ~おかげ(で) ~덕분(에)

» 【보통체】 + おかげ(で)

» 【な형용사 어간】 + なおかげ(で)

» 【명사】 + のおかげ(で)

| 예문 |

❶ この動画のおかげで日本語が上手になりました。
이 동영상 덕분에 일본어가 능숙해졌습니다.

❷ 君が来てくれたおかげで、パーティーがもっと楽しくなったよ。
네가 와 준 덕분에 파티가 더 즐거워졌어.

❸ 天気が晴れたおかげで、楽しい遠足になった。
날씨가 갠 덕분에 즐거운 소풍이 되었다.

❹ 今回の受賞は、いつも厳しく指導してくれた先生のおかげです。
이번 수상은 늘 엄하게 지도해 주신 선생님 덕분입니다.

Tip

동사 접속은 た형에 접속하는 경우가 대부분이며, 특히 '~てくれたおかげ'의 형태로 사용되는 경우가 많습니다.

Tip

관용적인 인사말로 'おかげさまで'라는 표현이 있습니다. 이때 'おかげさまで' 앞에는 구체적인 말이 오지 않습니다.
「お子さんは元気ですか」
"아이는 잘 있습니까?"
→「はい、おかげさまで元気に育っています」(○)
"네, 덕분에 잘 크고 있습니다."

「はい、あなたのおかげさまで元気に育っています」(×)

▶ **낱말과 표현**

遠足 소풍 ｜ 受賞 수상 ｜ 厳しい 엄하다 ｜ 指導する 지도하다 ｜ お子さん (상대방의) 아이 ｜ 育つ 크다(동사), 자라다

03 ～せい(で) ～탓에

» 【보통체】 + せい(で)

» 【な형용사 어간】 + なせい(で)

» 【명사】 + のせい(で)

Tip

'～せいで'는 용언에 접속하는 경우, '～のでㅏ '～ために'와 바꿔 쓸 수 있는 경우가 많지만, '～せいで'를 사용하면 나쁜 결과의 원인임을 더 강조할 수 있습니다.

| 예문 |

❶ 目覚まし時計が壊れたせいで、遅刻してしまった。

알람 시계가 고장 난 탓에 지각해 버렸다.

❷ 熱帯夜が続いているせいで、毎日寝不足です。

열대야가 계속되는 탓에 매일 수면 부족입니다.

❸ パスポートを忘れたせいで、出国できませんでした。

여권을 잊고 온 탓에 출국하지 못했습니다.

❹ 今回の結果は、誰のせいでもない。ミスをした僕のせいだ。

이번 결과는 (다른) 누구 탓도 아니다. 실수를 한 나의 탓이다.

▶ **낱말과 표현**

目覚まし時計 알람 시계 | **壊れる** 고장 나다 | **熱帯夜** 열대야 | **寝不足** 수면 부족 | **パスポート** 여권 |
出国する 출국하다 | **結果** 결과 | **ミス** 실수

▶ 아래와 같이 문장을 완성해 봅시다.

예)

1 | 말하다

先生には、もっとゆっくり話してほしいです。
선생님이 더 천천히 말했으면 합니다.

2 | 그만두지 않다

同僚には、会社を辞めないでほしいです。
동료가 회사를 그만두지 않았으면 합니다.

❶ 도와주다

子供たちには、

家事を_____です。

❷ 늦지 않다

学生には、

授業に_____です。

❸ 올리다

社長には、

給料をもっと_____です。

❹ 남기지 않다

お客さんには、

料理を_____です。

▶ 낱말과 표현

家事を手伝う 집안일을 도와주다 ｜ 遅れる 늦다 ｜ 給料を上げる 급여를 올리다 ｜ 残す 남기다

▶ 아래와 같이 문장을 완성해 봅시다.

예)

ドラマ/見る

このドラマのおかげで、歴史に詳しくなりました。
이 드라마 덕분에 역사에 대해 잘 알게 되었습니다.

このドラマを見たおかげで、歴史に詳しくなりました。
이 드라마를 본 덕분에 역사에 대해 잘 알게 되었습니다.

❶

問題集

この＿＿＿＿＿＿＿＿＿＿＿＿＿、

試験に合格しました。

❷

薬

この＿＿＿＿＿＿＿＿＿＿＿＿＿、

病気がすっかり治りました。

❸

勉強する

日本語を一生懸命＿＿＿＿＿＿＿＿＿、

日本の会社に就職できました。

❹

友達が＿＿＿＿＿＿＿＿＿＿＿＿＿、

授業に間に合いました。

起こしてくれる

▶ **낱말과 표현**

歴史 역사 | 詳しい 잘 알다, 능통하다 | 問題集 문제집 | 薬 약 | すっかり 완전히 | 治る 낫다 |
就職する 취직하다 | 起こす 깨우다, 일으키다 | 間に合う 늦지 않다, 제시간에 도착하다

▶ 아래와 같이 문장을 완성해 봅시다.

예)

ミス/ミスする

<u>私のミスのせいで</u>/<u>私がミスしたせいで</u>、
私たちのチームは<u>負</u>けてしまいました。

저의 실수 탓에 / 제가 실수한 탓에 우리 팀은 져 버렸습니다.

❶

友達

＿＿＿＿＿＿＿＿＿＿＿＿＿＿、
私も一緒に叱られてしまいました。

❷

渋滞

高速道路の＿＿＿＿＿＿＿＿＿＿＿＿、
飛行機に乗れませんでした。

❸

する

ゲームばかり＿＿＿＿＿＿＿＿＿＿＿＿、
試験に落ちました。

❹

ある

心配なことがたくさん＿＿＿＿＿＿＿＿＿、
最近よく眠れません。

▶ **낱말과 표현**

チーム 팀 | **負ける** (승부에서) 지다 | **叱られる** 야단맞다 (叱る의 수동형) | **渋滞** (도로의) 정체 | **高速道路** 고속 도로 |
落ちる 떨어지다 | **眠る** 잠들다 (**眠れない** 잠을 못 자다)

▶ 주어진 질문에 예와 같이 대답해 봅시다.

① あなたの周（まわ）りの人（ひと）に、してほしいことがありますか。

예) 友達（ともだち）に、私（わたし）の悩（なや）みを聞（き）いてほしいです。

_____

② あなたの周（まわ）りの人（ひと）に、しないでほしいことがありますか。

예) 弟（おとうと）に、うるさい音楽（おんがく）を家（いえ）で聞（き）かないでほしいです。

_____

③ 最近（さいきん）、何（なに）か／誰（だれ）かのおかげで、いいことがありましたか。

예) 友達（ともだち）が教（おし）えてくれたおかげで、授業（じゅぎょう）の内容（ないよう）がよくわかりました。

_____

④ 最近（さいきん）、何（なに）か／誰（だれ）かのせいで、悪（わる）いことがありましたか。

예) 毎日寒（まいにちさむ）くて家（いえ）にずっといるせいで、3キロ太（ふと）ってしまいました。

_____

▶ 낱말과 표현

周（まわ）り 주위, 주변 │ 悩（なや）み 고민 │ 内容（ないよう） 내용 │ ずっと 계속 │ 太（ふと）る 살찌다

先生にしてほしいこと

 **Track 5-03-02**

私は日本語の先生が好きです。とても優しいし、教え方もいいです。先生のおかげで私の日本語の実力も上がりました。でも、少しだけ直してほしいところもあります。

まず、もう少し大きな声で話してほしいです。授業にちょっと遅れて後ろの席に座ったときは、先生の声がよく聞こえません。もし大きな声が出せないなら、マイクを使って授業をしてほしいです。

次に、宿題を少し減らしてほしいです。先生は毎週必ず、2時間以上かかる宿題を出します。そのせいで、他の授業の勉強ができないこともあります。もう少し時間のかからない宿題を出してほしいです。

最後に、もう少し笑ってほしいです。先生はユーモアのセンスもあって、面白いことも時々言います。でも、先生が笑っている姿をあまり見たことがありません。たまに見せる先生の素敵な笑顔を、これからはもっと見せてほしいです。

いろいろ書きましたけど、私は先生の授業が大好きです。

▶ **낱말과 표현**

実力が上がる 실력이 오르다 | **直す** 고치다 | **まず** 우선, 먼저 | **マイク** 마이크 | **減らす** 줄이다 | **毎週** 매주 |
必ず 반드시 | **以上** 이상 | **かかる** 걸리다 | **ユーモア** 유머 | **センス** 센스 | **姿** 모습 | **素敵だ** 멋지다, 매력적이다

▶ [읽기 연습]을 참고하여 선생님이나 친구, 가족 등 가까운 사람에게 바라는 바를 써 봅시다.

問題1 つぎの文の（　　　　）に入れるのに最もよいものを、①・②・③・④から一つえ
らびなさい。

1 この作品は、ぜひ君_{きみ}に見て（　　　　）。

① あげたい 　　② ほしい 　　③ ねがう 　　④ のぞむ

2 みんなが助_{たす}けてくれた（　　　　）、テストに合格_{ごうかく}できました。

① おかげで 　　② かわりに 　　③ つもりで 　　④ きっかけに

3 友達を（　　　　）せいで、僕も待ち合わせに遅_{おく}れてしまった。

① 待っている 　　② 待って 　　③ 待っていた 　　④ 待つ

問題2 つぎのことばの使い方として最もよいものを、①・②・③・④から一つえらびな
さい。

4 ぜひ

① 彼女なら、ぜひ勝ちますよ。

② 彼にはぜひ、成功_{せいこう}してほしい。

③ ぜひ先生が来ていなかったので、遅刻_{ちこく}にはならなかった。

④ 先週送_{おく}った荷物_{にもつ}が、ぜひもうすぐ着_つくころだろう。

問題3 つぎの文の　★　に入る最もよいものを、①・②・③・④から一つえらびなさい。

5 彼には ＿＿＿＿ ＿＿＿＿ ★ ＿＿＿＿ です。

① 英語を 　　② ほしい 　　③ 早く 　　④ 覚_{おぼ}えて

▶ 헷갈리기 쉬운 기초 일본어 표현 ❷

어떤 하나의 한국어 동사에 대응하는 일본어 동사가 여러 개 있어 헷갈릴 때가 종종 있을 것입니다. 여기서는 그러한 미묘한 의미 차이를 가진 동사를 소개하고자 합니다.

미묘한 차이를 가진 일본어 동사 わかる・知る・気づく

'차이를 안다'고 말할 때 일본어로는 주로 '違いがわかる/違いを知る/違いに気づく'라는 세 가지 표현을 구별해서 사용합니다. 그러면 각각 어떤 차이가 있는지 알아볼까요?

'わかる'는 쉽게 말해 '이해하다'라는 뜻으로, 머리를 굴려서 생각하고 이해를 하는 과정이 연상되는 동적인 동사입니다. '違いがわかる'라고 말하면 그 차이에 대해 생각해 보고 느껴 보면서 이해를 한다는 뜻입니다. 예를 들어 '2つのワインの味の違いがわかる(두 와인의 맛의 차이를 안다)'처럼 머리를 써서 생각해야 할 정도로 복잡한 사안에 대해 사용할 때 어울립니다.

반면 '知る'는 '지식이나 정보를 얻는다'거나 '얻은 지식이 있다'라는 의미의 정적인 동사입니다. 그래서 '違いを知る'라고 하면 단순히 지식이 있느냐 없느냐 하는 문제이기 때문에, '硬水と軟水の違いを知っていますか?(센물과 단물의 차이를 알고 있습니까?)'처럼 단순한 지식의 유무를 물을 때 쓰는 표현으로 어울립니다.

그리고 한 가지 더 혼동하기 쉬운 말이 있습니다. 바로 '気づく(気がつく)'입니다. 気づく는 어떤 순간적인 발견이나 깨달음을 나타낼 때 사용합니다. 그래서 '違いに気づく'라 하면 그것이 무엇이든 간에 그 차이를 깨닫게 되는 어떤 순간의 상황을 의미하는 것이지요. 그래서 '色の違いに気づかなかった(색깔의 차이를 몰랐다)'처럼 놓쳐 버린 일이나 놓칠 뻔한 일에 사용할 때 어울리는 표현입니다. 자, 이제 'わかる・知る・気づく'를 상황에 맞게 사용할 수 있겠지요? 그런데 한 가지 더 조심해야 하는 것은 이 세 가지 동사 모두 앞에 붙는 조사가 각기 다르다는 것입니다. 'わかる'는 'が', '知る'는 'を', '気づく'는 'に'를 사용한다는 것 또한 기억하기 바랍니다.

이 외에도 '思う・考える(생각하다)'나 '助ける・手伝う(도와주다)' 등도 미묘한 차이를 가진 동사들입니다. 지면 관계상 더이상의 언급은 무리이지만, 한번 여러분 스스로 생각해 보는 것은 어떨까요?

✏️ 가타카나를 써 보자!

キャンセル 캔슬, 취소	キャンセル	
ゲート 게이트, 탑승구	ゲート	
チェックイン 체크인, 탑승 수속	チェックイン	
フライト 플라이트, 비행	フライト	
アナウンス 아나운스, 안내 방송	アナウンス	

✏️ 한자를 써 보자!

くうこう **空港** 공항	空港		
とうちゃく **到着** 도착	到着		
しゅっぱつ **出発** 출발	出発		
ぜいかん **税関** 세관	税関		
しんさ **審査** 심사	審査		

10年前に比べて 2倍以上増えました。

10년 전에 비해 2배 이상 늘었습니다.

point

Track 5-04-01

福田 今、日本の韓国語学習事情について調べているんですよ。

南 韓国語教育概論のレポートですね。

福田 はい。韓国語の学習人口は、10年前に比べて2倍以上増えたそうです。

南 すごいですね。
どうしてそんなに人気が上がっているんですか。

福田 それはまだ調査中です。たぶん、韓流ドラマの影響が大きいと思いますけど、どう思いますか。

南 それだ！それに決まっていますよ。
韓国のドラマは本当に面白いですから。

▶ **낱말과 표현**

学習 학습 | **事情** 사정, 상황 | **教育** 교육 | **概論** 개론 | **人口** 인구 | **〜倍** 〜배 | **増える** 늘다 |
人気が上がる 인기가 오르다 | **調査中** 조사 중 | **韓流** 한류 | **影響** 영향

52

01 ~に比べ(て) ~에 비해

>> 【명사】 + に比べ(て)

| 예문 |

❶ 韓国に比べて、日本は交通費が高すぎる。

한국에 비해 일본은 교통비가 너무 비싸다.

❷ 英語に比べ、イタリア語は発音しやすい。

영어에 비해 이탈리아어는 발음하기 쉽다.

❸ 今年は例年に比べて、野菜の値段が安いようです。

올해는 예년에 비해 채소 값이 싼 것 같습니다.

❹ 男性に比べ、女性の方が体が柔らかいと言われている。

남성에 비해 여성이 몸이 더 유연하다고 알려져 있다.

▶ **낱말과 표현**

交通費 교통비 | **イタリア語** 이탈리아어 | 発音 발음 | 例年 예년 | 値段 가격, 값 | **体が柔らかい** 몸이 유연하다 |
物価 물가

02 ～について ～에 대해

» 【명사】+ について

| 예문 |

❶ この問題について、どう考えますか。

이 문제에 대해 어떻게 생각합니까?

❷ 最近、日本の近代文学について調べています。

요즘 일본의 근대 문학에 대해 조사하고 있습니다.

❸ なぜ事故が起こったのかについて、毎日考えています。

왜 사고가 났는지에 대해 매일 생각하고 있습니다.

❹ 韓国の芸能界については、あまり詳しくない。

한국의 연예계에 대해서는 잘 모른다.

❺ オリンピックについての記事を読んだ。

올림픽에 대한 기사를 읽었다.

Tip

Tip

비슷한 표현으로 '～に関して(～에 관해)/～に関する(～에 관한)'가 있습니다.
申し込みの手続きに関して(≒ついて)説明いたします。 신청 절차에 관해 설명하겠습니다.
申し込みの手続きに関する(≒ついての)説明
신청 절차에 관한 설명

Tip

예문 ⑤처럼 '～에 대한'을 표현할 때는 '～についての'를 사용합니다.

▶ **낱말과 표현**

問題 문제 | **近代文学** 근대 문학 | **事故が起こる** 사고가 나다 | **詳しい** 잘 알다, 능통하다 | **オリンピック** 올림픽 |
記事 기사 | **申し込み** 신청 | **手続き** 절차, 수속

03 〜に決(き)まっている 분명 〜ㄹ 것이다, 〜ㄹ 것이 뻔하다

» 【동사 보통체 · 명사 · な형용사 어간】+ に決(き)まっている

| 예문 |

Tip

주로 부정적인 문맥에서 '포기'나 '어이 없음'의 뉘앙스를 띠는 경우가 많으며 'どうせ(어차피)'와 잘 어울리는 표현입니다. 비슷한 표현으로 '〜に違(ちが)いない(〜(이)에 틀림없다)'가 있지만, 이 표현은 '확신'의 뉘앙스가 더 강합니다.
あいつが犯人(はんにん)に違(ちが)いない。
저 놈이 틀림없이 범인일 것이다 (범인임에 틀림없다).

❶ こんないたずらをするのは、弟(おとうと)に決(き)まっています。

　　이런 장난을 하는 사람은 분명 남동생일 것이다.

❷ 代表(だいひょう)チームと試合(しあい)をしたら、負(ま)けるに決(き)まっている。

　　대표 팀과 시합을 하면 질 것이 뻔하다.

❸ 何(なん)の連絡(れんらく)もないところを見(み)ると、どうせ今日(きょう)の約束(やくそく)も忘(わす)れているに決(き)まっているよ。

　　아무 연락도 없는 것을 보니 어차피 오늘 약속도 분명 잊었을 거야.

❹ 彼(かれ)の収入(しゅうにゅう)で家(いえ)を買(か)うなんて、どうせ無理(むり)に決(き)まってる。

　　그의 수입으로 집을 사다니 어차피 무리일 것이 뻔하다.

❺ あの子(こ)、いつも遊(あそ)んでばかりだから、成績(せいせき)も悪(わる)いに決(き)まってるよ。

　　저 애는 맨날 놀기만 하니까 성적도 분명 안 좋을 거야.

▶ **낱말과 표현**

いたずら 장난 | 代表(だいひょう)チーム 대표 팀 | 試合(しあい) 시합, 경기 | 何(なん)の 아무, 아무런 | どうせ 어차피 | 収入(しゅうにゅう) 수입 |
無理(むり) 무리 | あいつ 저 놈, 저 녀석 | 犯人(はんにん) 범인

▶ 아래와 같이 문장을 완성해 봅시다.

예)

10년 전

<u>10年前に比べて</u>、物価が高くなりました。

10년 전에 비해 물가가 비싸졌습니다.

❶ 옛날

今は_____、

寿命が伸びた。

❷ 홋카이도

東京は_____、

湿度が高い。

❸ 예년

今年は_____、

雨がよく降りますね。

❹ 편지

Eメールは_____、

速い。

▶ 낱말과 표현

昔 옛날 | 寿命が伸びる 수명이 늘어나다 | 北海道 홋카이도 | 湿度 습도 | 例年 예년 | 手紙 편지

56

▶ 아래와 같이 문장을 완성해 봅시다.

예)

夫と<u>今後の人生について</u>話し合いました。

남편과 앞으로의 인생에 대해 서로 이야기했습니다.

❶ このあいだ日本語の先生に、

_____教えてもらいました。

❷ 今日の新聞の政治欄に、

_____の記事が出ていますよ。

❸ 来週、就職の面接があるんですが、

_____聞いたことがありますか。

❹ 今日は病院で、

_____説明してもらいました。

❺ スポーツ雑誌に、

_____のエッセイを書きました。

来週の手術　　漢字の勉強法　　年金制度改革

高校野球　　（今後の人生）　　この会社

▶ **낱말과 표현**

今後 앞으로 ｜ **人生** 인생 ｜ **話し合う** 서로 이야기하다, 의견을 나누다 ｜ **政治欄** 정치란, 정치면 ｜ **面接** 면접 ｜

エッセイ 에세이, 수필 ｜ **手術** 수술 ｜ **年金制度** 연금 제도 ｜ **改革** 개혁 ｜ **高校野球** 고교 야구

▶ 아래와 같이 문장을 완성해 봅시다.

예)

梅雨なんだから、明日も雨が降るに決まってるよ。

장마철이라 내일도 분명 비가 올 거야.

降る

❶

彼の言うことなんて、

＿＿＿＿＿＿＿＿＿＿＿＿決まってるよ。

うそ

❷

ブラジルと試合をしても、

どうせ＿＿＿＿＿＿＿＿＿＿決まっています。

負ける

❸

新しいスマホを買ってあげても、

すぐ＿＿＿＿＿＿＿＿＿＿決まってるよ。

なくす

❹

宝くじに当たるなんて、

どうせ＿＿＿＿＿＿＿＿＿＿決まっています。

無理だ

▶ **낱말과 표현**

梅雨 장마철 | **嘘** 거짓말 | **負ける** (승부에서) 지다 | **なくす** 잃다 | **宝くじに当たる** 복권에 당첨되다 | **無理** 무리

▶ 주어진 질문에 예와 같이 대답해 봅시다.

① 韓国や、あなたの住んでいるところは、昔に比べてどう変わりましたか。

예) 昔に比べて公園がたくさんあります。

_____

② あなたはどう変わりましたか。

예) 以前に比べて日本語が上手になりました。

_____

③ 最近どんなことについて 興味がありますか。

예) カンボジアの文化について興味があります。

_____

④ 「無理に決まっている！」と思うことは何ですか。

예) 1ヶ月で10キロダイエットするなんて、無理に決まっています。

_____

▶ **낱말과 표현**

変わる 변하다, 바뀌다 | **以前** 이전, 예전 | **文化** 문화 | **カンボジア** 캄보디아 | **ダイエット** 다이어트

Track 5-04-02

私の住む町の変化について

私の住む町は以前に比べると、だいぶ変わりました。20年くらい前、私が
まだ赤ちゃんの頃、両親と一緒にここへ引っ越して来ました。母に当時の
町の様子について聞くと、本当に何にもなかったと言います。一番近い店
まで行くにも、歩いて30分くらいかかったそうです。

ところが、15年くらい前から少しずつ変わり始めました。コンビニや大型
スーパー、デパートもできて、すごいスピードで発展してきました。今で
はマンションもたくさんできて、市内でも人気のあるエリアの一つです。

でも、昔の方がよかったところもあります。私が子供だったからかもしれ
ませんが、昔は優しい人が多かったと思います。それに比べて今は、ちょ
っと外に出ると、知らない人ばかりで、挨拶をする人もいません。

発展することがいいとは限りませんね。でも昔と今、どちらかを選べと言
われれば、それはもちろん今を選ぶに決まっていますよ。だって仕方ない
でしょう。コンビニやデパートのない生活なんて、考えられませんから。

▶ **낱말과 표현**

町 동네 | 変化 변화 | 赤ちゃん 아기 | ～頃 ～때쯤, ～무렵 | 引っ越す 이사하다 | 当時 당시 | 様子 모습, 분위기 |
一番 가장 | ところが 그런데 | 少しずつ 조금씩 | (동사 ます형＋)始める ～하기 시작하다 |
大型スーパー 대형 마트 | すごい 굉장하다 | スピード 스피드, 속도 | 発展する 발전하다 | 市内 시내 |
エリア 지역 | 挨拶 인사 | ～とは限らない 반드시 ～라고는 할 수 없다 | どちらか 어느 한쪽 | 選ぶ 선택하다 |
もちろん 물론 | 仕方ない 어쩔 수 없다 | 生活 생활

▶ [읽기 연습]을 참고하여 자신이 사는 곳의 변화에 대해 써 봅시다.

問題 1　つぎの文の（　　　　）に入れるのに最もよいものを、①・②・③・④から一つえらびなさい。

<u>1</u>　ヨーロッパは日本に（　　　　）教育費〔きょういく ひ〕が安い。

　　① 代わって　　　② おいて　　　③ 比べて　　　④ ついて

<u>2</u>　アジアの歴史〔れきし〕に（　　　　）知っていることを話してください。

　　① よって　　　② とって　　　③ すぎて　　　④ ついて

<u>3</u>　そんな話、嘘〔うそ〕に（　　　　）います。

　　① 決まって　　　② 変わって　　　③ 決めて　　　④ 変えて

問題 2　＿＿＿＿＿＿＿に意味が最も近いものを、①・②・③・④から一つえらびなさい。

<u>4</u>　マリアさんなら、アメリカの経済〔けいざい〕について<u>詳しい〔くわ〕</u>はずだ。

　　① 興味〔きょう み〕がない　　② 興味〔きょう み〕がある　　③ よく知らない　　④ よく知っている

問題 3　つぎの文の　★　に入る最もよいものを、①・②・③・④から一つえらびなさい。

<u>5</u>　この仕事量〔し ごとりょう〕では、＿＿＿＿＿ ＿＿＿＿＿ ＿★＿ ＿＿＿＿＿決まっている。

　　① 帰れないに　　② 明日も　　　③ 早く　　　④ どうせ

일본 언어 탐구

▶ **잘못 말하면 일본 사람 머리에 물음표가 뜰 수도 있다!?**

일본어로 대화하던 중, 일본인 친구가 난처한 표정을 지으며 다소 늦은 반응을 보인 적은 없나요? 어쩌면 그때 조금 엉뚱한 일본어를 말했을 수도 있습니다.

어디가 아픈 거예요!?

昨日は、痛くて休みました。 어제는 아파서 결석했어요.

이 말에 일본인 친구는 당황했을지도 모릅니다. '痛い'는 '頭が痛い(머리가 아프다)'처럼 반드시 몸의 어느 특정 부분이 아프다는 것입니다. 그래서 그냥 '痛い'라고만 말하면 어디가 아픈지 알 수가 없어 친구를 당황하게 만드는 것이지요. 이럴 때 일본어로는 '具合が悪い(몸 상태가 안 좋다)'를 사용합니다. '具合' 대신에 '体の調子'나 '体調'를 사용해도 됩니다. 자, 이제 이렇게 말하면 문제 없겠네요.

➡ **昨日は、具合が悪くて休みました。** (어제는 몸이 안 좋아서 결석했어요.)

감기 들면 아파지는 것은……?

風邪を引いて首が痛いです。 감기에 걸려서 목이 아파요.

이 말에 일본인 친구는 또다시 당황할 수밖에 없습니다. 여기서는 '아프다'가 아니라 '목'에 문제가 있습니다. 머리와 몸통을 잇는 부분을 일본어로 'くび', 목구멍은 'のど'라고 합니다. 감기로 인해 아픈 곳은 보통 목구멍이지요. 그래서 위의 말을 들은 일본인 친구는 "감기에 걸렸는데 왜 'くび'가 아프지? 자다가 목을 접질렀나?"라고 오해할 수 있습니다. 이럴 때는 이렇게 말해야 하겠지요.

➡ **風邪を引いてのどが痛いです。** (감기에 걸려서 목이 아파요.)

자기 전에 설거지는 필수인가!?

昨日は、洗わないで寝てしまいました。 (어제는 안 씻고 자 버렸어요.)

이 말에 일본인 친구는 아마 '뭘 안 씻었다는 말이지? 게을러서 설거지를 안 하고 잤다는 말인가?'라고 생각할 것입니다. 그렇습니다. '씻다'를 의미하는 '洗う'도 '痛い'와 마찬가지로 어느 특정한 것을 가리킬 필요가 있습니다. 'コップを洗う(컵을 씻는다)'나 '手を洗う(손을 씻다)'처럼 말이지요. 목욕이나 샤워를 해서 몸 전체를 씻는다는 의미로는 'お風呂に入る(목욕하다)', 아니면 'シャワーをする(샤워를 하다)'를 사용하면 됩니다. 자, 이제 이렇게 고쳐 말해 보세요.

➡ **昨日は、お風呂に入らないで寝てしまいました。** (어제는 목욕을 하지 않고 자 버렸어요.)

✎ 가타카나를 써 보자!

ドラマ 드라마	ドラマ	
バラエティー 버라이어티	バラエティー	
ニュース 뉴스	ニュース	
ドキュメンタリー 다큐멘터리	ドキュメンタリー	
グルメ 구르메, 미식	グルメ	

✎ 한자를 써 보자!

歴史 역사	歴史		
地理 지리	地理		
政治 정치	政治		
経済 경제	経済		
教育 교육	教育		

もっといい動画が作れる ように頑張ります。

더 좋은 동영상을 만들 수 있도록 노력하겠습니다.

point

Track 5-05-01

沈　動画作成には慣れましたか。

太田　はい、広報部のユンさんのおかげで、だいぶできるようになりました。

沈　ユンさんくらい動画作成に詳しい人はいませんからね。

太田　このあいだアップされた動画もすごかったですね。

沈　再生回数も100万回を超えたみたいですね。

太田　僕ももっといい動画が作れるように頑張ります。

▶ **낱말과 표현**

作成 작성 │ **慣れる** 익숙해지다 │ **広報部** 홍보부 │ **再生回数** 재생 횟수 │ **超える** 넘다

01 ～ように ～하게(끔), ～하도록

>> 【동사 기본형·ない형】+ ように

| 예문 |

❶ もう少し、わかるように説明してください。

　좀 더 이해할 수 있게 설명해 주세요.

❷ 今度から遅刻しないように、気を付けてね。

　다음부터 지각하지 않도록 조심해.

❸ お客さんの機嫌を損ねないよう、気を使っています。

　손님의 심기를 건드리지 않도록 신경을 쓰고 있습니다.

❹ 試験に受かるよう祈っています。

　시험에 붙기를 기원하고 있습니다.

❺ 毎日野菜をたくさん食べるようにしています。

　매일 채소를 많이 먹도록 하고 있습니다.

Tip

동사 가능형에 접속하여 사용하는 경우가 많습니다.

Tip

예문 ③④처럼 'に'를 생략해서 사용하기도 합니다. 그리고 ④처럼 뒤에 祈る(빌다, 기원하다)나 願う(바라다)와 같은 동사가 올 때는 '～하기를'이라고 해석하는 것이 자연스럽습니다.

Tip

예문 ⑤처럼 'ように' 바로 뒤에 동사 'する'를 붙이면 '～하도록 하다'라는 뜻이 되는데, 이때는 'に'를 생략하여 사용할 수 없습니다.

▶ **낱말과 표현**

気を付ける 조심하다 | **機嫌を損ねる** 심기를 건드리다 | **気を使う** 신경을 쓰다 | **試験に受かる** 시험에 붙다 |
祈る 빌다, 기원하다

02 ~ようになる ~게 되다 (변화)

» 【동사 기본형】＋ようになる

|예문|

❶ 日本語に興味を持つようになりました。
일본어에 관심을 가지게 되었습니다.

❷ コツさえつかめば、できるようになりますよ。
요령만 파악하면 할 수 있게 됩니다.

❸ ハングルが読めるようになったよ。
한글을 읽을 수 있게 되었어.

❹ 人間はどのようにして言葉を使うようになったのか。
인간은 어떻게 해서 말을 사용하게 된 것인가.

Tip

'~ようになる'는 일반적으로 동사 기본형에 접속하여 어떤 습관의 변화를 나타내지만, 동사 가능형에 접속하여 어떤 능력이 향상되었음을 나타내기도 합니다.

Tip

이 용법의 경우 'に'를 생략할 수 없습니다. 또한 ない형에 접속하여 '~하지 않게 되다'라는 뜻을 나타낼 때는, '~ないようになる'보다 '~なくなる'를 사용하는 경우가 많습니다.

最近、お酒が飲めるようになりました。요즘 술을 마실 수 있게 되었습니다.

⇔ 最近、お酒が飲めなくなりました。요즘 술을 못 마시게 되었습니다.

▶ **낱말과 표현**

コツをつかむ 요령을 파악하다 | ~さえ…ば ~만 …면 | 人間 인간 | 言葉 말

03 ～くらい～はない ~만큼 ~은/는 없다

» 【명사】＋くらい～はない

Tip

'くらい' 대신에 'ぐらい', 혹은 '｜ほど'를 사용하는 경우도 많습니다.
先生_{せんせい}ほど、優_{やさ}しい人_{ひと}はいません。
선생님만큼 자상한 사람은 없습니다.

| 예문 |

❶ 外科医_{げかい}くらい大変_{たいへん}な仕事_{しごと}はないんだよ。

외과 의사만큼 힘든 직업은 없단 말이야.

❷ うちの父_{ちち}くらい虫_{むし}に詳_{くわ}しい人_{ひと}はいないと思_{おも}います。

우리 아버지만큼 벌레에 대해 잘 아는 사람은 없다고 생각합니다.

❸ 人_{ひと}の悪口_{わるくち}くらい、聞_ききたくないものはない。

다른 사람 욕만큼 듣기 싫은 것은 없다.

❹ 今日_{きょう}くらい忙_{いそが}しい日_ひはないね。

오늘만큼 바쁜 날은 없군.

▶ **낱말과 표현**

外科医_{げかい} 외과 의사 ｜ 虫_{むし} 벌레 ｜ 悪口_{わるくち} 욕

▶ 아래와 같이 문장을 완성해 봅시다.

예)

1 | 食べる
(가능형) | 子供でも食べられるように、わさびを抜いてください。
어린이도 먹을 수 있게 고추냉이를 빼 주세요.

2 | 食べる
(ない형) | 冷たいものばかり食べないように気を付けましょう。
차가운 것(음식)만 먹지 않도록 주의합시다.

❶ 過ごす
(가능형)　みなさんが元気で＿＿＿＿＿＿＿＿＿、
祈っています。

❷ 引く
(ない형)　風邪を＿＿＿＿＿＿＿＿＿＿、
しっかり予防してください。

❸ もらう
(가능형)　師匠に認めて＿＿＿＿＿＿＿＿＿、
精進してまいります。

❹ 忘れる
(ない형)　聞いたことを＿＿＿＿＿＿＿＿＿、
メモしておこう。

▶ **낱말과 표현**

抜く 빼다 ｜ 過ごす 지내다 ｜ 風邪を引く 감기에 걸리다 ｜ 予防 예방 ｜ 師匠 스승 ｜ 認める 인정하다 ｜
精進する 정진하다 ｜ 忘れる 잊다

▶ 아래와 같이 문장을 완성해 봅시다.

예)

읽을 수 있다

先生のおかげで、漢字が読めるようになりました。

선생님 덕분에 한자를 읽을 수 있게 되었습니다.

❶ 달릴 수 있다

100メートルを10秒台で＿＿＿＿＿＿＿＿＿＿

なりました。

❷ 설 수 있다

リハビリの末、自力で＿＿＿＿＿＿＿＿＿＿

なりました。

❸ 이길 수 있다

最近は、腕相撲で父に＿＿＿＿＿＿＿＿＿＿

なりました。

❹ 다룰 수 있다

パソコン音痴の私ですが、最近はだいぶ

＿＿＿＿＿＿＿＿＿＿＿なりました。

▶ **낱말과 표현**

～秒台 ～초대 ｜ 走る 달리다 ｜ リハビリ 재활 치료 ｜ ～末(に) ～끝에 ｜ 自力で 자력으로, 스스로의 힘으로 ｜
立つ 서다 ｜ 腕相撲 팔씨름 ｜ 勝つ 이기다 ｜ パソコン音痴 컴맹 ｜ 扱う 다루다

▶ 아래 예와 같이 자유롭게 빈칸을 채워 문장을 완성해 봅시다.

예)

猫<small>ねこ</small>くらい、かわいい動物<small>どうぶつ</small>はいません。

고양이만큼 귀여운 동물은 없습니다.

❶

_____、

おいしいものはありません。

❷

頭<small>あたま</small>のいい人<small>ひと</small>はいません。

❸

_____、

つらいことはありません。

❹

優<small>やさ</small>しい人<small>ひと</small>はいません。

▶ 낱말과 표현

つらい 괴롭다, 고통스럽다

72

▶ 주어진 질문에 예와 같이 대답해 봅시다.

① 今後、気を付けたいことはありますか。

예) 料理の際、砂糖と塩を間違えないように気を付けたいです。

_____

② 以前できなかったことで、できるようになったことはありますか。

예) 先生のおかげで日本語が話せるようになりました。

_____

③ 最も面白いと思う映画は何ですか。

예) 『君の名は』くらい面白い映画はありません。

_____

④ 最も素敵だと思う人は誰ですか。

예) 先生くらい素敵な人はいません。

_____

▶ 낱말과 표현

今後 앞으로 │ ~際 ~때 │ 砂糖 설탕 │ 塩 소금 │ 間違える 틀리다, 착각하다 │ 最も 가장 │ 素敵だ 멋지다, 매력적이다

 Track 5-05-02

私の大切な家族

父くらい厳しい人はいません。私が何か間違ったことをすると、いつも厳しく叱ってくれましたし、なぜ駄目なのかをきちんと教えてくれました。私が物事をしっかり判断できるようになったのは父のおかげです。

母くらい心配性の人はいません。大人になった今でも、「事故に遭わないように気を付けなさい」、「無駄遣いをしないようにしなさい」などと、毎日言われています。もちろんそれだけ愛情が深いこともわかっています。

姉くらい頭のいい人はいません。26歳という若さで海外の有名大学の教授になった姉は、頭がいいだけでなく、大変な努力家です。誰にも負けないよう、人一倍努力してきたことを私は知っています。

弟くらいかわいい子はいません。小さな頃は一人では何もできなくて、私がいつも手伝ってあげていました。でも最近はだいぶ大きくなって、一人で何でもできるようになり、少し寂しい気がします。

家族ほど大切な存在はありません。これからも、家族みんな仲良く暮らせますように。

▶ **낱말과 표현**

大切だ 소중하다 | **厳しい** 엄하다 | **間違う** 잘못하다 | **叱る** 꾸짖다, 야단치다 | **きちんと** 제대로 | **物事** 세상일 |
しっかり 확실히, 제대로 | **判断する** 판단하다 | **心配性** 걱정이 많은 성격 | **事故に遭う** 사고를 당하다 |
無駄遣い 낭비 | **もちろん** 물론 | **愛情** 애정 | **深い** 깊다 | **海外** 해외 | **教授** 교수 | **大変だ** 대단하다, 엄청나다 |
努力家 노력가 | **人一倍** 남다르게 | **〜頃** 〜때쯤 | **寂しい** 쓸쓸하다, 서운하다 | **暮らす** 살다(생활하다)

▶ [읽기 연습]을 참고하여 자신의 소중한 사람들에 대해 써 봅시다.

問題1 つぎの文の （　　　）に入れるのに最もよいものを、①・②・③・④から一つえらびなさい。

1 最近は、難しい本もだいぶ読める （　　　） なった。

① のに　　　　　② そうに　　　　③ ように　　　　④ みたいに

2 彼女 （　　　） 優しい人はいないと思う。

① だけ　　　　　② のみ　　　　　③ くらい　　　　④ ばかり

3 （　　　） ように、メモしておいてください。

① 忘れ　　　　　② 忘れの　　　　③ 忘れる　　　　④ 忘れない

問題2 _____ に意味が最も近いものを、①・②・③・④から一つえらびなさい。

4 足元が滑りやすくなっていますので、気をつけてください。

① 注意して　　② 止まって　　③ くつを脱いで　④ 力を抜いて

問題3 つぎの文の ★ に入る最もよいものを、①・②・③・④から一つえらびなさい。

5 気の合う友達と _____ _____ ★ _____ ない。

① ことは　　　　② ことほど　　　③ 楽しい　　　　④ おしゃべりする

76

▶ **동물과 관련된 ことわざ(속담)**

속담은 그것이 형성된 나라, 민족, 지방에 따라서 오랫동안 정착된 사고나 습속과 깊은 관련성이 있습니다. 일본과 한국의 속담을 비교해 보면서 일본문화의 정서와 경향에 대해 이해하고 한국의 속담과 어떻게 다른지 알아봅시다. 여기서는 동물과 관련된 속담을 중심으로 알아봅니다.

飼い犬に手をかまれる 기르던 개한테 손을 물린다

돌보아준 사람이나 은혜를 베푼 이에게 도리어 해를 입는다는 뜻의 비유.

유사 한국 속담: 믿는 도끼에 발등 찍힌다.

蛙の子は蛙 개구리 새끼는 개구리

부모보다 더 뛰어난 자는 없다, 혹은 태생은 바꿀 수 없다는 뜻.

유사 한국 속담: 콩 심은 데 콩 나고, 팥 심은 데 팥 난다. / 그 아비에 그 자식. / 그 나물에 그 밥.

鵜のまねする烏 가마우지 흉내 내는 까마귀

자기의 재능이나 사정은 돌아보지 않고 남의 흉내를 내어 실패하는 사람을 이르는 말.

유사 한국 속담: 뱁새가 황새를 따라가면 가랑이가 찢어진다.

猫に小判 고양이에게 금화 | 馬の耳に念仏 말 귀에 염불

아무리 좋은 것이라 해도 가치를 모르는 사람에게는 소용이 없음을 이르는 말.

유사 한국 속담: 쇠귀에 경 읽기.

生き馬の目を抜く 살아 있는 말의 눈을 빼다

일을 처리하는 데 매우 잽싸고 교활한 모양, 혹은 남을 속이고 앞질러 가 이익을 취함을 이르는 말.

유사 한국 속담: 눈 감으면 코 베어 간다. / 번갯불에 콩 볶아 먹는다.

取らぬ狸の皮算用 아직 잡지도 않은 너구리 가죽값을 셈한다

무슨 일이든지 이루어지기도 전에 그 이득을 셈한다는 뜻.

유사 한국 속담: 알까기 전에 병아리 세지 마라. / 김칫국부터 마신다.

✎ 가타카나를 써 보자!

チーム 팀	チーム	
グループ 그룹	グループ	
リーダー 리더	リーダー	
セッション 세션	セッション	
コラボ 컬래버레이션	コラボ	

✎ 한자를 써 보자!

どうが 動画 동영상	動画		
しちょう 視聴 시청	視聴		
さいせい 再生 재생	再生		
へんしゅう 編集 편집	編集		
きょうゆう 共有 공유	共有		

まだ<ruby>韓国<rt>かん こく</rt></ruby>に
<ruby>来<rt>き</rt></ruby>たばかりです。

아직 한국에 온 지 얼마 안 됐습니다.

point

劉　韓国での生活はいかがですか。

三浦　まだ来たばかりで、わからないことだらけです。

劉　韓国語の勉強はいかがですか。文法が大変でしょう。

三浦　それが……、文法どころか、まだハングルも覚えていなくて……。

劉　焦ることはありませんよ。まだ始めたばかりなんですから。

三浦　そう言っていただけると助かります。

▶ 낱말과 표현

いかがですか 어떻습니까 | **～だらけ** ～투성이 | **文法** 문법 | **焦る** 조급해하다, 초조해하다 | **始める** 시작하다 |
～ていただく ～해 주시다(～てもらう의 겸양 표현) | **助かる** (자신에게) 도움이 되다, 위로가 되다

01 〜たばかりだ ~한 지 얼마 안 됐다, 막 ~했다

» 【동사 た형】+ ばかりだ

| 예문 |

❶ 釣りは初心者です。始めたばかりなんですよ。
낚시는 초보자입니다. 시작한 지 얼마 안 됐거든요.

❷ 大阪にはまだ来たばかりなので、電車に乗るのも
一苦労です。
오사카에는 아직 온 지 얼마 안 됐기 때문에 전철을 타는 것도 꽤나 고생입니다.

❸ さっきご飯食べたばかりなのに、また食べるの？
조금 전 막 밥을 먹었는데 또 먹는 거야?

❹ 買ったばかりのワンピースを着てみました。
새로 산 지 얼마 안 된 원피스를 입어 봤습니다.

❺ 生まれたばかりの赤ちゃんは本当に小さいね。
갓 태어난 아기는 정말 작네.

Tip
예문 ④⑤와 같이 '~たばかりの + 명사'의 형태로 '~한 지 얼마 안 된, 막 ~한'이라는 뜻으로 사용하기도 합니다.

▶ **낱말과 표현**

釣り 낚시 | 初心者 초보자 | 一苦労 어지간히 고생함 | さっき 아까, 조금 전 | 生まれる 태어나다

02 ～どころか ~은/는커녕

» 【동사·い형용사 보통체·명사】+どころか

» 【な형용사 어간】+(な)どころか

Tip

な형용사에 접속하는 경우, 어간에 바로 붙여 쓰기도 하고, 어간에 'な'를 붙여 '～などころか'의 형태로 쓰기도 합니다.

| 예문 |

❶ 片付_{かた づ}けるどころか、余計_{よ けい}散_ちらかしてるね。

치우기는커녕 더 심하게 어질렀군.

❷ 藤田先生_{ふじ た せんせい}は怖_{こわ}いどころか、天使_{てん し}のような人_{ひと}ですよ。

후지타 선생님은 무섭기는커녕 천사 같은 사람이에요.

❸ 蜘蛛_{く も}?嫌_{きら}い(な)どころか、飼_かってみたいくらい好きだよ。

거미? 싫어하기는커녕 키워 보고 싶을 정도로 좋아하지.

❹ 旅行_{りょこう}どころか、散歩_{さん ぽ}する暇_{ひま}すらありません。

여행은커녕 산책할 틈조차 없습니다.

❺ この子_こは引_ひき算_{ざん}どころか、まだ足_たし算_{ざん}もできないんですよ。

이 아이는 뺄셈은커녕 아직 덧셈도 못하거든요.

▶ **낱말과 표현**

片付_{かた づ}ける 치우다, 정리하다 | 余計_{よ けい}(に) 더 심하게 | 散_ちらかす 어지르다 | 怖_{こわ}い 무섭다 | 天使_{てん し} 천사 | 蜘蛛_{く も} 거미 |
飼_かう (동물을) 키우다 | 暇_{ひま} 틈, 여유 시간 | ～すら ~조차 | 引_ひき算_{ざん} 뺄셈 | 足_たし算_{ざん} 덧셈

03 ~ことはない ~할 필요는 없다 (격려, 조언)

» 【동사 기본형】+ ことはない

| 예문 |

❶ 大丈夫です。心配することはありません。

괜찮습니다. 걱정할 필요는 없습니다.

❷ 大変なら無理して働くことはありません。

힘들면 억지로 일할 필요는 없습니다.

❸ 彼女に振られたくらいで、泣くことはないだろう。

여자 친구에게 차인 정도로 울 필요는 없잖아.

❹ だからって、人格まで否定することはないでしょう。

그렇다고 인격까지 부정할 건 없잖아요.

❺ まだ時間はあるから、急ぐことないよ。

아직 시간은 있으니까 서두를 건 없어.

Tip

예문 ④처럼 상대방의 언행에 반박할 때도 사용됩니다.

Tip

예문 ⑤처럼 'は'를 생략하여 사용하는 경우도 많습니다. 또한 회화체로는 'と'와 'は' 발음이 합쳐져 'こた'라고 발음하는 경우도 있습니다.

悩むことはないよ。

고민할 필요는 없어.

→悩むことないよ。(○)

→悩むこたないよ。(○)

▶ **낱말과 표현**

無理して 무리해서, 억지로 | 振られる 차다 | 人格 인격 | 否定する 부정하다 | 急ぐ 서두르다

▶ 아래와 같이 문장을 완성해 봅시다.

예)

먹다 **A** ご飯食べに行きませんか。 밥 먹으러 안 갈래요?

B すみません。さっき食べたばかりなんですよ。
미안해요. 조금 전 막 먹었거든요.

① 사다 **A** いいパソコンだねえ。

B うん、でも＿＿＿＿＿＿＿だから、
まだちょっと使いにくいんだよね。

② 오다 **A** 京都のことをよくご存じで。京都はもう長いんですか。

B いえ、よく言われますが、実はまだ＿＿＿＿＿＿＿
なんです。 こう見えて京都歴、一週間です。

③ 도착하다 **A** このあいだネットで注文した本、どうだった？

B ああ、あの本なら今朝＿＿＿＿＿＿＿だから、まだ
全然読んでないよ。

④ 외우다 **A** 村井さん、「건망증」は何という意味か、わかりますか。

B ええっと、さっき＿＿＿＿＿＿＿の単語なのに、
もう忘れてしまいました。

▶ **낱말과 표현**

ご存知だ 아시다 │ **実は** 실은 │ **こう見えて** 이래 봬도 │ **〜歴** 〜의 경력 │ **ネット** 인터넷 │ **今朝** 오늘 아침 │
届く (우편물이) 도착하다

▶ 아래와 같이 문장을 완성해 봅시다.

예)

A 試験の結果どうだった？当然受かってるとは思うけど。

시험 결과 어땠어? 당연히 붙었을 거라고는 생각하는데.

B いや、実は受かるどころか、当日インフルエンザにかかって
受けてもないんだよ。

아니, 실은 붙기는커녕 당일에 독감에 걸려서 시험 치지도 못했거든.

❶ A 引っ越し先での生活はいかがですか。ずいぶん田舎で、近くに
デパートもないとか。

B いや、＿＿＿＿＿＿＿＿＿、コンビニすらないですからね。

❷ A ちゃんと奥さんに謝ったの？

B それが、実は＿＿＿＿＿＿＿＿＿、最近口も利いてないんだ。

❸ A 北海道旅行はどうだった？2月だと相当寒かったんじゃない？

B いや、＿＿＿＿＿＿＿＿＿、痛いくらいだったね。空気が凍ってたよ。

❹ A 上野さん、病気だって聞いたんですけど、何かご存知ですか。

B 上野さんが？まさか。＿＿＿＿＿＿＿＿＿、ぴんぴんしてますよ。

▶ **낱말과 표현**

当然 당연히 ｜ インフルエンザ 인플루엔자, 독감 ｜ 田舎 시골 ｜ 謝る 사과하다 ｜ 口を利く 말을 섞다 ｜ 相当 상당히 ｜
空気 공기 ｜ 凍る 얼다 ｜ まさか 설마 ｜ ぴんぴんしている 팔팔하다

▶ 아래 예와 같이 문장을 완성해 봅시다.

예)

た
食べる

A もうダメ。食^たべられない。　이제 안되겠다. 못 먹겠어.

B おいおい、食^たべ放題^{ほうだい}だからって、無理^{むり}して
食^たべることはないよ。

야야, 무한 리필이라고 해서 억지로 먹을 필요는 없어.

❶

はく

A ちょっと小^{ちい}さいけど、はいてれば慣^なれるかも。

B いや、無理^{むり}して＿＿＿＿＿＿＿＿＿＿＿ないよ。
上^{うえ}のサイズと交換^{こうかん}してもらえばいいんだから。

❷

あきらめる

A 周^{まわ}りの友達^{ともだち}は、みんな就職^{しゅうしょく}が決^きまったっていう
のに、結局僕^{けっきょくぼく}だけダメだったんです。

B 大丈夫^{だいじょうぶ}だって。まだ若^{わか}いんだから、
＿＿＿＿＿＿＿＿＿＿＿ないって。

❸

こわ
怖がる

A 監督^{かんとく}のタブレット、壊^{こわ}しちゃいました。
かなり怒^{おこ}られますよね。まずいなあ……。

B 大丈夫^{だいじょうぶ}。＿＿＿＿＿＿＿＿＿＿＿ないよ。
謝^{あやま}りゃ許^{ゆる}してくれるって。

▶ **낱말과 표현**

食^たべ放題^{ほうだい} 무한 리필 | はく 신다 | 慣^なれる 익숙해지다 | 上^{うえ}のサイズ (한 치수)큰 사이즈 | 交換^{こうかん}する 교환하다 |
あきらめる 포기하다 | 怖^{こわ}がる 무서워하다 | 結局^{けっきょく} 결국 | 若^{わか}い 젊다 | 監督^{かんとく} 감독 | タブレット 태블릿 PC |
壊^{こわ}す 부수다, 망가뜨리다 | まずい 난처하다, 상황이 안 좋다 | ～りゃ ～하면(～れば의 준말) | 許^{ゆる}す 용서하다

▶ 주어진 질문에 예와 같이 대답해 봅시다.

① 今、何をしたばかりですか。

예) トイレに行って来たばかりです。

_____

② ○○を始めたばかりの頃はどうでしたか。

예) 平仮名の勉強を始めたばかりの頃は、読めるようになるとは
思えませんでした。

_____

③ 「無理して○○することはない」と思うのはどんなことですか。

예) 風邪を引いたときは、無理して学校に行くことはありません。

_____

▶ 낱말과 표현

風邪を引く 감기에 걸리다

韓国に来たばかりの頃

Track 5-06-02

韓国に来たばかりの頃は、本当に大変でした。友達どころか、知り合いすらいなかったので、わからないことは全部ネットで調べました。しばらくして友達ができましたが、わからないことをすぐに検索する癖が直りませんでした。それを横で見ていた友達が、「そんなの調べることはないよ。私に聞けばいいよ」と言ってくれたので、それからは友達に頼ってばかりです。最近は何でもすぐに聞く癖がついてしまったので、逆に迷惑をかけていないかと心配になります。

韓国に来てすぐ、韓国語の勉強を始めましたが、始めたばかりの頃は、ハングルを覚えるのに苦労しました。語学堂で本格的に文法を習い始めたときも、ハングルを書くどころか、まだ読むことすらままならなかったため、授業に出ることがストレスになっていました。そんな私を見かねた友達が、「そんなに焦ることはないよ。いつでも勉強手伝うよ」と励ましてくれたおかげで、少し安心したのか、急に覚えるのが早くなり、韓国語を勉強することが楽しくなりました。

やっぱり友達って大事ですね。これからは私も、周りの友達の助けになる人間になろうと思います。

▶ **낱말과 표현**

知り合い 아는 사람, 지인 │ **しばらくして** 잠깐 있다가, 잠시 후 │ **検索する** 검색하다 │ **癖** 버릇 │ **直る** 고쳐지다 │
横 옆 │ **頼る** 의지하다, 기대다 │ **癖がつく** 버릇이 들다 │ **逆に** 역으로, 도리어 │ **迷惑をかける** 폐를 끼치다 │
苦労する 고생하다 │ **語学堂** 어학당 │ **本格的に** 본격적으로 │ **習う** 배우다 │ **ままならない** 뜻대로(제대로) 되지 않다 │
見かねる 보다 못하다, 차마 볼 수 없다 │ **励ます** 달래다, 격려하다 │ **急に** 갑자기 │ **助けになる** 도움이 되다 │ **人間** 인간

▶ [읽기 연습]을 참고하여 자신이 맨 처음에 '어딘가에 갔을 때'나, '학교나 직장에 들어갔을 때', 혹은 '무언가를 시작했을 때'에 고생했던 일에 관해 써 봅시다.

問題 1 **つぎの文の（　　　）に入れるのに最もよいものを、①・②・③・④から一つえ
らびなさい。**

1　A「あの子、今日も休みだね。病気でもしたのかな。」

　　B「大丈夫。心配する（　　　）ないって。なんなら今電話してみ
　　　ようか。」

　　①　こと　　　　　　②　ころ　　　　　　③　とこ　　　　　　④　もの

2　まだ入学した（　　　）なので、どこに何があるかもよくわからない。

　　①　だけ　　　　　　②　のみ　　　　　　③　くらい　　　　　　④　ばかり

3　海外^{かいがい}（　　　）、国内旅行にもろくに行ったことがありません。

　　①　について　　　　②　だけでも　　　　③　どころか　　　　④　ついでに

問題 2 **つぎのことばの使い方として最もよいものを、①・②・③・④から一つえらびなさい。**

4　ころ

　　①　まだ若いんだから、悩む<u>ころ</u>はないよ。

　　②　今、どんな<u>ころ</u>に住んでいるんですか。

　　③　猫^{ねこ}と同^{おな}じ<u>ころ</u>、犬^{いぬ}も好きです。

　　④　日本に来たばかりの<u>ころ</u>は、平仮名^{ひらがな}も読めなかった。

問題3 つぎの文の ___★___ に入る最もよいものを、①・②・③・④から一つえらびなさい。

5 A 「テニスやるらしいね。一度、勝負_{しょうぶ}してみようか。」

B 「いいけど、_____ __★__ _____ _____、たぶん負けるよ。」

① 始_{はじ}めた   ② だから   ③ ばかり   ④ まだ

✏️ 가타카나를 써 보자!

デザイン 디자인	デザイン
スタイル 스타일	スタイル
カラー 컬러	カラー
フォント 폰트	フォント
サイズ 사이즈	サイズ

✏️ 한자를 써 보자!

あやま 謝る 사과하다	謝る	
ゆる 許す 용서하다	許す	
たの 頼む 부탁하다	頼む	
ことわ 断る 거절하다	断る	
う い 受け入れる 받아들이다	受け入れる	

1時間おきに電話をしないといけません。

1시간마다 전화를 해야 합니다.

point

 Track 5-07-01

岡本　ノさん、新婚生活はどうですか。

ノ　　うーん、結構大変ですよ。妻には1時間おきに電話を
　　　しないといけません。

岡本　それは大変ですね。でも奥さんは大切にすべきですよ。

ノ　　もちろんわかっていますけど、1時間おきはきついで
　　　すよ。

岡本　結婚してもいろいろあるんですね。

ノ　　みんな誤解していますけど、結婚はゴールじゃなく
　　　て、始まりに過ぎませんからね。

▶ **낱말과 표현**

新婚 신혼 │ **生活** 생활 │ **結構** 꽤, 상당히 │ **妻** (나의) 아내, 처 │ **奥さん** (남의) 부인 │ **大切にする** 소중히 하다, 아끼다 │
きつい 벅차다, 힘겹다 │ **誤解する** 오해하다 │ **ゴール** 골, 도달점 │ **始まり** 시작

01 ～おきに ～마다, ～걸러

» 【수량사】+ おきに

| 예문 |

❶ 空港のシャトルバスは30分おきに出ている。

공항 셔틀버스는 30분마다 출발하고 있다.

❷ この公園には100メートルおきに距離表示があります。

이 공원에는 100m마다 거리 표시가 있습니다.

❸ 席が一つおきに空いていて、どこに座ればいいか迷った。

좌석이 한 자리 걸러 비어 있어서 어디에 앉아야 좋을지 망설였다.

❹ 冬は一日おきにお風呂に入っています。

겨울에는 하루걸러 목욕합니다.

Tip

'～おきに'와 비슷한 표현으로 '～ごとに'가 있습니다. 초, 분, 시간이나 거리를 나타낼 때는 바꿔 쓸 수 있습니다.

10分ごとに(≒おきに)電車が来ます。10분마다 전철이 옵니다.

3キロごとに(≒おきに)駅があります。3km마다 역이 있습니다.

Tip

'날, 달, 해' 등 긴 시간 단위에 접속하여 사용할 때는 '～おきに'와 '～ごとに'에 의미 차이가 있습니다.

一日おきにブログを更新する。
하루걸러(격일로/이틀에 한 번) 블로그를 업데이트하다.

一日ごとにブログを更新する。
하루마다(날마다/매일) 블로그를 업데이트하다.

▶ **낱말과 표현**

シャトルバス 셔틀버스 | 距離 거리 | 表示 표시 | 席 좌석, 자리 | 空く 비다 | 迷う 망설이다 | お風呂に入る 목욕하다 |
ブログ 블로그 | 更新する 갱신(업데이트)하다

02 　**～に過ぎない** ～불과하다, ～ㄹ 뿐이다

» 【동사 보통체・명사・な형용사 어간】+ に過ぎない

Tip

명사 또는 동사 た형에 붙는 경우가 많습니다.

| 예문 |

❶ 大阪城は確かに有名だが、日本にたくさんある城の一つに過ぎない。

오사카 성은 물론 유명하기는 하지만 일본에 많이 있는 성 중 하나에 불과하다.

❷ その件については担当者に聞いていただけますか。
私はアルバイトに過ぎないので。

그 일에 관해서는 담당자에게 물어봐 주시겠습니까?

저는 아르바이트에 불과하니까요.

❸ お礼は結構です。当然のことをしたに過ぎません。

사례는 괜찮습니다(사양합니다). 당연한 일을 했을 뿐이에요.

❹ 冗談で言ったに過ぎないんだから、気にしないで。

농담으로 말했을 뿐이니 신경 쓰지 마.

▶ **낱말과 표현**

～城 ～성 | **確かに～** 물론 ～하기는 하다 | **たくさん** 많이 | **城** 성 | **件** 건, 일 | **担当者** 담당자 | **お礼** 사례, 보답 |
結構です 괜찮습니다(사양의 뜻) | **当然(の)** 당연(한) | **冗談** 농담 | **気にする** 신경 쓰다, 걱정하다

03 ～べきだ ～해야 한다

» 【동사 기본형】+ べきだ

| 예문 |

❶ 自由(じゆう)に働(はたら)きたいなら、フリーランサーになるべきだ。
자유롭게 일하고 싶다면 프리랜서가 되어야 한다.

❷ 勉強(べんきょう)も大事(だいじ)ですが、子供(こども)はたくさん遊(あそ)ぶべきです。
공부도 중요하지만 아이들은 많이 놀아야 합니다.

❸ 男(おとこ)は外(そと)に出(で)てお金(かね)を稼(かせ)ぐべきだという考(かんが)えには賛成(さんせい)できない。
남자는 밖에 나가서 돈을 벌어야 한다는 생각에는 찬성할 수 없다.

❹ 上司(じょうし)でも、部下(ぶか)の私生活(しせいかつ)には干渉(かんしょう)するべきではない。
상사라 해도 부하의 사생활에는 간섭하지 말아야 한다.

❺ 子供(こども)がそんな店(みせ)に行(い)くべきじゃない。
어린이가 그런 가게에 가는 것은 마땅하지 않다.

Tip

'～해야 한다'를 나타내는 표현으로는 '～なければならない'와 같은 표현도 있습니다. '～べきだ'는 '～해야 마땅하다', '～하는 것이 옳다'와 같은 뉘앙스가 포함되어 있어 말하는 사람의 주관적인 생각을 나타냅니다. 반면 '～なければならない'는 어떤 규칙 또는 상황을 보아 '～할 필요/의무가 있다'는 뉘앙스입니다.

채소를 먹어야 한다.
→ 野菜(やさい)を食(た)べるべきだ。
(채소를 먹는 것이 옳다는 주관적인 생각)
→ 野菜(やさい)を食(た)べなければならない。
(누군가에게 강요받거나 정해진 규칙을 따라 채소를 먹을 필요/의무가 있는 상황)

Tip

'する'는 'すべきだ'와 같이 접속하는 경우도 있습니다.
学生(がくせい)なら勉強(べんきょう)すべきだ。
학생이라면 공부해야 한다.

Tip

예문 ④⑤처럼 부정 표현인 '～べきではない'는 '～하는 것은 마땅하지 않다', '～하면 안 된다', '～하지 말아야 한다' 등의 뜻으로 사용됩니다.

▶ **낱말과 표현**

自由(じゆう)に 자유롭게 | フリーランサー 프리랜서 | 大事(だいじ)だ 중요하다 | お金(かね)を稼(かせ)ぐ 돈을 벌다 | 考(かんが)え 생각 |
賛成(さんせい)する 찬성하다 | 上司(じょうし) 상사 | 部下(ぶか) 부하 | 私生活(しせいかつ) 사생활 | 干渉(かんしょう)する 간섭하다

▶ 아래와 같이 문장을 완성해 봅시다.

예)

東京行きの新幹線は、大体<u>20分おきに</u>出ている。

도쿄행 신칸센은 대체로 20분마다 출발하고 있다.

20분

❶

この地域では、＿＿＿＿＿＿＿＿＿＿＿＿

生ゴミを出すことになっている。

이틀(2일)

❷

都心には、少なくとも＿＿＿＿＿＿＿＿＿＿

コンビニがあるのが普通だ。

100미터

❸

田舎の両親は私が心配なのか、

＿＿＿＿＿＿＿＿＿＿＿＿＿＿＿電話してきます。

수 시간

❹

このイベントは、＿＿＿＿＿＿＿＿＿＿＿＿

開かれます。

1년

▶ 낱말과 표현

~行き (교통편의) ~행 | 新幹線 신칸센 | 大体 대체로, 대충 | 地域 지역 | 二日 이틀 | 生ゴミ 음식 쓰레기 |
都心 도심 | メートル 미터(m) | 普通 보통 | 数時間 수 시간, 몇 시간 | 田舎 시골, 고향 | イベント 이벤트

▶ 아래와 같이 문장을 완성해 봅시다.

예)

1 私は<u>学生</u>に過ぎません。詳しいことは先生に聞いてください。

　　저는 학생에 불과합니다. 자세한 것은 선생님에게 물어보세요.

2 まだ前半が<u>終わった</u>に過ぎませんから、絶対に油断できませんよ。

　　아직 전반전이 끝났을 뿐이라 절대로 방심할 수 없습니다.

❶ 二人が付き合っているというのは、＿＿＿＿＿＿＿＿過ぎません。

❷ これからが大事だよ。

　　大学は人生の＿＿＿＿＿＿＿＿＿＿過ぎないんだから。

❸ これは彼女の作品です。私は少し＿＿＿＿＿＿＿＿＿過ぎません。

❹ 血液型で性格がわかるなんて、＿＿＿＿＿＿＿＿＿過ぎない。

❺ 当たり前のことを＿＿＿＿＿＿＿＿＿過ぎないのに、
　　何が問題なんですか。

(学生)　　迷信　　うわさ　　通過点

言う　　(終わる)　　手伝う

▶ **낱말과 표현**

詳しい 자세하다 ｜ **前半** 전반(전) ｜ **絶対に** 절대로 ｜ **油断する** 방심하다 ｜ **付き合う** 사귀다 ｜ **これから** 이제부터, 앞으로 ｜
人生 인생 ｜ **作品** 작품 ｜ **血液型** 혈액형 ｜ **性格** 성격 ｜ **当たり前(の)** 당연(한) ｜ **迷信** 미신 ｜ **うわさ** 소문 ｜
通過点 통과점 ｜ **手伝う** 도와주다, 거들다

▶ 아래와 같이 문장을 완성해 봅시다.

예)

| 자다 |

子供は早く<u>寝るべき</u>です。

어린이는 빨리 자야 합니다.

❶ 끊다

健康のために、お酒とタバコは

_____ です。

❷ (전화를) 받다

勤務中は、私的な電話に

_____ ではない。

❸ 시키다

子供には、自分がやりたいことを

_____ だよ。

❹ 헤어지다

彼みたいな優しい人とは、

_____ じゃないと思うよ。

▶ **낱말과 표현**

健康 건강 | **やめる** 그만두다, 끊다 | **勤務中** 근무 중 | **私的だ** 사적이다 | **電話に出る** 전화를 받다 | **やらせる** 시키다, 하게 하다 | **別れる** 헤어지다

100

▶ 주어진 질문에 예와 같이 대답해 봅시다.

① 数日おき、数週間おきにしていることがありますか。

예) 私は1日おきにジムに通って運動をしています。

_____

② うわさ/迷信に過ぎないと思うことは、どんなことですか。

예) 「牛乳をたくさん飲むと背が高くなる」というのは迷信に過ぎません。

_____

③ 学生は勉強以外にどんなことをするべきだと思いますか。

예) 社会経験のためにアルバイトをするべきです。

_____

④ 学生はどんなことをするべきではないと思いますか。

예) 学生はギャンブルをするべきではありません。

_____

▶ **낱말과 표현**

数日 며칠 | **数週間** 몇 주 | **ジム** 헬스장 | **通う** 다니다 | **牛乳** 우유 | **背が高い** 키가 크다 | **以外に** 이외에 |
社会 사회 | **経験** 경험 | **ギャンブル** 도박

ほしいもの

🎵 Track 5-07-02

弟は「とにかくお金がほしい」と言います。でもお金はただの手段に過ぎません。お金で何がしたいのかが問題だと思います。妹は「とにかく新しいハイスペックなスマホがほしい」と言います。でもスマホもただの道具に過ぎません。ハイスペックなスマホで何がしたいのかが問題です。

二人とも、目的意識を持つべきです。私もお金とスマホがほしいです。でもそれはその先にあるものがほしいからです。お金がほしいのは、新しいハイスペックなスマホがほしいからです。ハイスペックなスマホがほしいのは、処理速度の速いスマホを使って、時間を節約したいからです。そう、私が本当にほしいのは時間なのです。

その時間を得るために、私は一日おきにアルバイトに行きます。毎日行かないのは、今の時間も大事にするべきだと思うからです。一日は今の自分のために、もう一日は未来の自分のために使います。得られた時間を使って何がしたいかって？それはまた別の機会に……。

▶ **낱말과 표현**

とにかく 어쨌든 | **ただの** 그저, 그냥 | **手段** 수단 | **ハイスペック** 고성능, 스펙이 높음 | **スマホ** 스마트폰 |
二人とも 두 사람 모두 | **目的意識** 목적의식 | **先** 전방, 장래 | **処理速度** 처리 속도 | **節約する** 절약하다 |
得る 얻다 | **大事にする** 소중히 하다, 아끼다 | **もう～** 또~ | **未来** 미래 | **別の** 다른 | **機会** 기회

▶ [읽기 연습]을 참고하여 주변 사람들이 갖고 싶어하는 것과 자신이 갖고 싶은 것에 대해 써 봅시다.

問題1 **つぎの文の（　　）に入れるのに最もよいものを、①・②・③・④から一つえらびなさい。**

1 外国語はコミュニケーションの道具に（　　）。

① よらない　　　② たえない　　　③ つかない　　　④ すぎない

2 この問題については、もう少し慎重（しんちょう）に考える（　　）だと思う。

① べき　　　　　② ほど　　　　　③ わけ　　　　　④ せい

問題2 **＿＿＿＿＿に意味が最も近いものを、①・②・③・④から一つえらびなさい。**

3 困っている人を助けるのは当然（とうぜん）のことです。

① 偶然（ぐうぜん）　　② いつも　　　③ 当（あ）たり前（まえ）　　④ 初（はじ）めて

問題3 **つぎのことばの使い方として最もよいものを、①・②・③・④から一つえらびなさい。**

4 うわさ

① 注文（ちゅうもん）した料理がなかなか出てこないので、店員にうわさを言った。

② うわさでは彼は今アメリカにいるらしいが、本当かどうかはわからない。

③ 授業中（じゅぎょうちゅう）にうわさばかりしている生徒がいて、うるさくて集中（しゅうちゅう）できない。

④ 部長（ぶちょう）は席（せき）をはずしておりますが、うわさがございましたらお伝（つた）えいたします。

問題4 つぎの文の ___★___ に入る最もよいものを、①・②・③・④から一つえらびなさい。

5　参加者が迷わないように、

少なくとも10メートル_____ _____ ___★___ _____ だ。

① 案内表示を　　② べき　　　　③ おきに　　　　④ 貼る

✎ 가타카나를 써 보자!

スタート 스타트	スタート	
ゴール 골	ゴール	
フィニッシュ 피니시, 결승	フィニッシュ	
トラック 트랙	トラック	
スピード 스피드	スピード	

✎ 한자를 써 보자!

れん あい 恋愛 연애	恋愛		
つ あ 付き合う 사귀다	付き合う		
こう さい 交際 교제	交際		
けっ こん 結婚 결혼	結婚		
ふう ふ 夫婦 부부	夫婦		

環境破壊によって、いろいろな問題が起こっています。

환경 파괴로 인해 여러 가지 문제가 일어나고 있습니다.

point

01 ～によって ～로 인해, ～에 의해 (원인, 행위 주체, 수단)

02 ～ずにはいられない ～하지 않을 수가 없다

03 ～をきっかけに ～을/를 계기로

Track 5-08-01

松田 今回のレポート、何について書いたんですか。

ハ河 環境問題についてです。

松田 なるほど。
でも環境破壊によって、いろいろな問題が起こっていますから、範囲も広いし、難しいテーマですよね。

ハ河 そうですね。私もこれをきっかけにもっと勉強して、卒論もこのテーマで書こうと思ってます。

松田 すごいなあ。努力するハさんの姿を見たら、僕も頑張らずにはいられませんね。

▶ **낱말과 표현**

なるほど 그렇군요 │ **環境** 환경 │ **破壊** 파괴 │ **問題が起こる** 문제가 일어나다 │ **範囲** 범위 │ **テーマ** 주제 │
きっかけ 계기 │ **卒論** 졸업논문(卒業論文의 준말)

01 ~によって ~로 인해, ~에 의해 (원인, 행위 주체, 수단)

» 【명사】+ によって

| 예문 |

❶ 事故によって電車が遅れています。

사고로 인해 전철이 지연되고 있습니다. (원인)

❷ 台風によって空の便が欠航しました。

태풍으로 인해 항공편이 결항되었습니다. (원인)

❸ 良い靴は良い職人によって作られます。

좋은 구두는 좋은 장인에 의해 만들어집니다. (행위 주체)

❹ 今回の事件は国際犯罪組織によって計画されました。

이번 사건은 국제 범죄조직에 의해 계획되었습니다. (행위 주체)

❺ この治療によって症状が改善するはずです。

이 치료를 통해 증상이 개선될 것입니다. (수단)

❻ 歌を歌うことによって、ストレスを解消する。

노래를 부름으로써 스트레스를 해소한다. (수단)

> **Tip**
>
> '원인'과 '수단'의 뜻으로는 '~で (~로)' 형태로 간략하게 바꿔 말할 수 있는 경우가 많습니다.
>
> ② 台風で空の便が欠航しました。
> ⑤ この治療で症状が改善するはずです。

> **Tip**
>
> '수단'의 뜻으로 사용될 때는 '~을/를 통해'나 '~함으로써'로 해석하는 것이 자연스러울 수도 있습니다.

▶ **낱말과 표현**

台風 태풍 | 空の便 항공편 | 欠航する 결항하다 | 職人 장인 | 事件 사건 | 国際犯罪組織 국제 범죄조직 |
計画する 계획하다 | 治療 치료 | 症状 증상 | 改善する 개선되다 | ストレスを解消する 스트레스를 해소하다

02 ～ずにはいられない ～하지 않을 수가 없다

» 【동사 ない형】+ ずにはいられない

待つ → 待たずにはいられない 기다리지 않을 수가 없다

※する → せずにはいられない ～하지 않을 수가 없다

| 예문 |

❶ この歌を聞くと、昔のことを思い出さずにはいられない。

이 노래를 들으면 옛날 일이 생각나지 않을 수가 없다.

❷ ダイエット中ですが、目の前にケーキがあったら食べずにはいられないでしょう。

다이어트 중이지만 눈앞에 케이크가 있으면 먹지 않을 수가 없겠지요.

❸ 本当に素晴らしい方です。尊敬せずにはいられません。

정말로 훌륭한 분입니다. 존경하지 않을 수 없습니다.

❹ 歌手というのは、歌わずにはいられないんです。

가수라는 것은 노래를 부르지 않을 수 없는 거예요.

Tip

어떤 일을 너무 하고 싶다거나 저절로 그렇게 되어 버린다는 충동적인 감정을 나타냅니다. 비슷하게 해석되는 표현으로 '～ざるをえない(～하지 않을 수 없다, ～할 수밖에 없다)'가 있는데, 이는 하기 싫지만 부득이하게 그렇게 해야만 하는 상황에서 쓰입니다.

彼に会わずにはいられない。
그를 만나지 않을 수가 없다.
→ 너무나도 만나고 싶다.

彼に会わざるをえない。
그를 만나지 않을 수 없다(만날 수밖에 없다).
→ 만나기 싫지만 어쩔 수 없이 만나야 하는 상황이다.

▶ **낱말과 표현**

～を思い出す ～을/를 떠올리다, ～이/가 생각나다 | ダイエット中 다이어트 중 | 目の前 눈앞 |
素晴らしい 훌륭하다 | 尊敬する 존경하다

110

03　～をきっかけに ~을/를 계기로

» 【명사】＋ をきっかけに

<ruby>就職<rt>しゅうしょく</rt></ruby>をきっかけに 취업을 계기로

» 【동사 보통체】＋ のをきっかけに

<ruby>就職<rt>しゅうしょく</rt></ruby>したのをきっかけに 취업한 것을 계기로

| 예문 |

❶ <ruby>病気<rt>びょうき</rt></ruby>をきっかけに、<ruby>運動<rt>うんどう</rt></ruby>を<ruby>始<rt>はじ</rt></ruby>めました。
병을 계기로 운동을 시작했습니다.

❷ アニメをきっかけに<ruby>日本語<rt>にほんご</rt></ruby>に<ruby>興味<rt>きょうみ</rt></ruby>を<ruby>持<rt>も</rt></ruby>つようになった。
애니메이션을 계기로 일본어에 관심을 가지게 되었다.

❸ <ruby>宝<rt>たから</rt></ruby>くじに<ruby>当<rt>あ</rt></ruby>たったのをきっかけに、<ruby>投資<rt>とうし</rt></ruby>を<ruby>始<rt>はじ</rt></ruby>めました。
복권에 당첨된 것을 계기로 투자를 시작했습니다.

❹ <ruby>子供<rt>こども</rt></ruby>が<ruby>生<rt>う</rt></ruby>まれたのをきっかけに、タバコをやめた。
아이가 태어난 것을 계기로 담배를 끊었다.

Tip 비슷한 표현으로 '～を機に'가 있습니다.

Tip 동사는 た형에 접속하는 경우가 많습니다.

Tip 뒤에 'して'를 붙이면 '~을/를 계기로 해서'로 해석됩니다.
<ruby>芥川賞受賞<rt>あくたがわしょうじゅしょう</rt></ruby>をきっかけにして、<ruby>彼<rt>かれ</rt></ruby>は<ruby>次々<rt>つぎつぎ</rt></ruby>と<ruby>新<rt>あたら</rt></ruby>しい<ruby>小説<rt>しょうせつ</rt></ruby>を<ruby>書<rt>か</rt></ruby>いていった。
아쿠타가와상 수상을 계기로 그는 잇달아 새로운 소설을 써 나갔다.

▶ **낱말과 표현**

<ruby>投資<rt>とうし</rt></ruby> 투자 ｜ <ruby>芥川賞<rt>あくたがわしょう</rt></ruby> 아쿠타가와상(일본의 유명한 문학상) ｜ <ruby>次々<rt>つぎつぎ</rt></ruby>と 잇달아 ｜ <ruby>小説<rt>しょうせつ</rt></ruby> 소설

▶ 아래 예와 같이 문장을 완성해 봅시다.

예)

| 사고 | 事故によって高速道路が渋滞しています。 |

사고로 인해 고속 도로가 정체되고 있습니다.

❶ 힘

愛の＿＿＿＿＿＿＿＿＿＿病気に打ち勝ちます。

❷ 폭우

昨夜からの＿＿＿＿＿＿＿＿＿

洪水が発生しました。

❸ 끼워넣다

間にアイスブレイクを＿＿＿＿＿＿＿＿、

気分転換を図ります。

❹ 발달

科学技術の＿＿＿＿＿＿＿＿、

我々の生活は豊かになったのだろうか。

▶ 낱말과 표현

高速道路 고속 도로 │ **渋滞する** (도로가) 정체하다, 막히다 │ **力** 힘 │ **打ち勝つ** (어려움을) 이겨내다, 극복하다 │
昨夜 어젯밤 │ **豪雨**(또는 **大雨**) 폭우 │ **洪水** 홍수 │ **発生** 발생 │ **間に** 중간에, 사이에 │ **アイスブレイク** 아이스 브레이킹 │
挟む 끼워 넣다 │ **気分転換を図る** 기분 전환을 시도하다 │ **科学技術** 과학 기술 │ **発達** 발달 │ **我々** 우리들 │
豊かだ 풍요롭다

▶ 아래 예와 같이 문장을 완성해 봅시다.

예)

泣_なく

こんな悲_{かな}しい話_{はなし}を聞_きいたら、 <u>泣_なかずには</u>

いられません。

이런 슬픈 이야기를 들으면 울지 않을 수 없습니다.

❶

会_あう

そんなにいい人_{ひと}なら、＿＿＿＿＿＿＿＿＿

いられないなあ。今週末_{こんしゅうまつ}はどう。

❷

読_よむ

そんなに面白_{おもしろ}い本_{ほん}なら、＿＿＿＿＿＿＿

いられないよ。早_{はや}く貸_かして。

❸

買_かう

この性能_{せいのう}でこの値段_{ねだん}？

これは＿＿＿＿＿＿＿いられませんね。

❹

緊張_{きんちょう}する

こんなに人_{ひと}が多_{おお}いと、

さすがに＿＿＿＿＿＿＿いられないな。

▶ 낱말과 표현

貸_かす 빌려 주다 ┃ **性能_{せいのう}** 성능 ┃ **値段_{ねだん}** 가격 ┃ **緊張_{きんちょう}する** 긴장하다 ┃ **さすがに** 아무래도, 역시

▶ 아래 예를 참고하여 문장을 완성해 봅시다.

예)

1
| 安全性
強化する |

事故をきっかけに、安全性を強化しました。

사고를 계기로 안전성을 강화했습니다.

2
| なる |

席が隣になったのをきっかけに、彼女と仲良く
なりました。

옆자리가 된 것을 계기로 그녀와 친해졌습니다.

❶
| 一人暮らし
始める |

就職をきっかけに、

_____。

❷
| 怒られる |

父に_____、

勉強に本気で取り組むようになりました。

❸
| 髪型
変える |

失恋をきっかけに、

_____。

❹
| ほめられる |

音楽の先生に_____、

歌手になることを決心しました。

▶ 낱말과 표현

安全性を強化する 안전성을 강화하다 | **仲良くなる** 친해지다 | **一人暮らしを始める** 자취 생활을 시작하다 |
怒られる 혼나다 | **本気で** 열의를 가지고, 진정으로 | **取り組む** 맞붙다 | **髪型を変える** 머리 스타일을 바꾸다 |
失恋 실연 | **ほめられる** 칭찬 받다(ほめる의 수동형) | **決心する** 결심하다, 마음을 먹다

▶ 주어진 질문에 예와 같이 대답해 봅시다.

① 情報通信技術 / 人工知能 / 医療の発達によって、今後どんなことが
あると思いますか。

예) 人工知能の発達によって、多くの職業がなくなると思います。

_____

② どんなときに、泣かずには / 緊張せずにはにはいられませんか。

예) ○○という曲を聞くと、泣かずにはいられません。

_____

③ 入学 / 卒業 / 就職 / 結婚 / 妊娠 / 出産 / 引っ越しをきっかけに、
どんなことがありましたか。

예) 妻の妊娠をきっかけに、車を買いました。

_____

▶ 낱말과 표현

情報通信技術 정보 통신 기술 | 人工知能 인공 지능 | 医療 의료 | 今後 앞으로 | 多くの 많은 | なくなる 사라지다 |
妊娠 임신 | 出産 출산 | 引っ越し 이사

最近(さいきん)はまっていること

 Track 5-08-02

以前(いぜん)は無趣味(むしゅみ)だったのですが、今(いま)はウクレレにはまっています。仕事(しごと)でウクレレの先生(せんせい)と知(し)り合(あ)いになったのをきっかけに、3ヶ月(かげつ)ほど前(まえ)から習(なら)い始(はじ)めました。以前(いぜん)ギターを少(すこ)しだけかじっていたこともあって、ほとんど抵抗(ていこう)なく始(はじ)められました。1ヶ月(かげつ)で基本的(きほんてき)なコードは大体覚(だいたいおぼ)えて、今(いま)ではレパートリーも20曲(きょく)ほどになりました。

仕事中(しごとちゅう)も早(はや)く練習(れんしゅう)したくてうずうずしています。ウクレレ中毒(ちゅうどく)になったのでしょうか。毎日(まいにち)ウクレレを触(さわ)らずにはいられなくなってしまいました。先生(せんせい)は初心者(しょしんしゃ)にはよくあることだと言(い)っていました。それくらい中毒性(ちゅうどくせい)の高(たか)い楽器(がっき)のようです。中(なか)にはウクレレを抱(だ)いて寝(ね)ずにはいられなくなる人(ひと)もいるらしいです。

ウクレレの何(なに)がいいって、やはりその音色(ねいろ)ですね。以前(いぜん)テレビで、「ウクレレの音(おと)を聞(き)くことによって、癒(いや)し効果(こうか)が得(え)られる」と言(い)っていましたが、まさにその通(とお)りです。自分(じぶん)でウクレレを弾(ひ)き、その音(おと)を聞(き)いて楽(たの)しむことによってストレスが解消(かいしょう)されていくのを感(かん)じます。今後(こんご)も「ウクレレが恋人(こいびと)」の日々(ひび)がしばらくは続(つづ)きそうです。

▶ **낱말과 표현**

はまる 빠지다, 열중하다 | **無趣味(むしゅみ)** 무취미, 취미가 없음 | **ウクレレ** 우쿨렐레 | **知(し)り合(あ)いになる** 아는 사이가 되다 |
かじる (어떤 분야를) 조금 해보다 | ほとんど 거의 | **抵抗(ていこう)なく** 저항 없이, 거부감 없이 | **基本的(きほんてき)** 기본적 | **コード** 코드 |
大体(だいたい) 대체로, 대부분 | **レパートリー** 레퍼토리 | うずうずする 근질거리다 | **中毒(ちゅうどく)** 중독 | **触(さわ)る** 만지다 | **楽器(がっき)** 악기 |
中(なか)には 그중에는 | **抱(だ)く** 안다 | **音色(ねいろ)** 음색 | **癒(いや)し** 치유, 힐링 | **効果(こうか)** 효과 | **得(え)る** 얻다 | **まさに** 바로, 정말로 |
その通(とお)りだ 그 말이 맞다 | **弾(ひ)く** (현악기를) 치다 | **楽(たの)しむ** 즐기다 | **日々(ひび)** 나날 | **しばらく** 당분간, 한동안

116

▶ [읽기 연습]을 참고하여 지금 빠져 있거나 예전에 사로잡혔던 일에 대해 써 봅시다.

問題 1 つぎの文の（　　　　）に入れるのに最もよいものを、①・②・③・④から一つえらびなさい。

1 パスワードを変更（へんこう）すること（　　　　）、不正（ふせい）ログインを防（ふせ）ぐことができます。

① こそあれ　　　② によって　　　③ のせいで　　　④ をはじめ

2 こんなことがあったら、（　　　）にはいられない。

① 泣かず　　　　② 泣かぬ　　　　③ 泣かない　　　④ 泣かなく

3 去年見たドキュメンタリー番組（ばんぐみ）を（　　　）に、環境（かんきょう）問題に興味（きょうみ）を持ち始めた。

① よそ　　　　　② もと　　　　　③ はじめ　　　　④ きっかけ

問題 2 ＿＿＿＿＿＿に意味が最も近いものを、①・②・③・④から一つえらびなさい。

4 医療（いりょう）の進歩（しんぽ）により、人の寿命（じゅみょう）はかなり延（の）びた。

① 徹底（てってい）　　② 発達（はったつ）　　③ 革新（かくしん）　　④ 推進（すいしん）

問題 3 つぎの文の＿★＿に入る最もよいものを、①・②・③・④から一つえらびなさい。

5 彼が逮捕（たいほ）されたのを ＿＿＿＿ ＿★＿ ＿＿＿＿ ＿＿＿＿ いられなくなった。

① 言わずには　　② きっかけに　　③ ことを　　　④ 本当の

일본 언어 탐구

▶ 연애와 결혼에 관한 ことわざ(속담)

여러분은 평소에 어떤 뉴스를 즐겨 봅니까? 연예인들의 열애 소식에 관심 있는 사람도 많겠지요. 'ㅇㅇ와 ××가 열애 중!', '상대는 10살 연하!' 이와 같은 뉴스는 일본에서든 한국에서든 사람들의 이목을 모으기에 충분합니다. 연애와 결혼은 인간의 중대한 관심사인 만큼 관련 속담도 많이 있답니다.

눈에 콩깍지가……?

あばたもえくぼ 마맛자국도 보조개(로 보인다)

사랑에 빠지게 되면 단점도 장점으로 보이게 된다는 속담입니다. 한국의 '눈에 콩깍지가 씌었다'와 비슷하지요. '恋は盲目(사랑은 눈이 머는 것)'라고도 하지만, 자신의 단점까지 감싸주고 사랑해 주는 사람이 있으면 얼마나 좋을까요? 경우에 따라 좋은 말이 될 수도 있고 비꼬는 말이 될 수도 있습니다. 이 속담처럼 뜨거운 사랑을 해 보면 이 짧은 속담의 참뜻을 이해할 수 있을지도 모르겠네요.

연상 아내가 최고?

年上の女房は金の草鞋を履いてでも探せ 연상의 아내는 철 짚신을 신어서라도 찾아라

여기서 '金'은 'かね'라고 읽고 '돈'도 아닌 '금'도 아닌 '쇠붙이=철'을 의미합니다. 철로 만들어진 짚신 (짚신이라고 해도 될는지……?)은 일반 짚신에 비하면 쉽게 닳지도 않고 튼튼하겠지요? 이 속담이 말하고자 하는 것은 연상의 아내는 매우 귀하기 때문에 튼튼한 신발을 신고 전국 방방곡곡을 돌아다녀서라도 찾을 가치가 있다는 것입니다. 아무래도 연상의 여자는 인생 경험이 많고 세상에 대한 안목도 높은 데다가 포용력도 있으니 더 좋다는 말인 것 같습니다.

한국에는 '네 살 차이는 궁합도 안 본다'는 말이 있는데 전통적으로는 남자가 연상인 경우에 이런 말을 했었지만, 요즘은 상황이 바뀌어 연상의 아내, 연하의 남편을 선호하는 사람들도 제법 많아진 것 같습니다. 한국의 이런 분위기와 딱 어울리는 속담이라 할 수 있겠네요.

여러분의 연애관, 결혼관은 어떻습니까? 상대를 고르는 데 조건을 따져야 할까요? 나이는 중요한가요? 아니면 사랑만 있으면 아무것도 필요 없나요? 그 답은 각양각색이겠지요? 이 기회에 재미 삼아 자신의 연애관, 결혼관에 맞는 속담을 찾아보는 것은 어떨까요?

✏️ 가타카나를 써 보자!

ギター 기타	ギター	
ウクレレ 우쿨렐레	ウクレレ	
マンドリン 만돌린	マンドリン	
ヴァイオリン 바이올린	ヴァイオリン	
チェロ 첼로	チェロ	

✏️ 한자를 써 보자!

文明 문명	文明		
産業 산업	産業		
技術 기술	技術		
発達 발달	発達		
進歩 진보	進歩		

お兄<ruby>兄<rt>にい</rt></ruby>さんほどじゃない みたいです。

형만큼은 아닌가 봅니다.

point

회화 .... Dialogue

Track 5-09-01

中川 あ、あれパク兄弟じゃないですか。
二人ともイケメンですよね。

田 かっこいいだけじゃなくて、頭もいいんですよね。
お兄さんの方はメンサ会員らしいですよ。

中川 メンサって何ですか。

田 頭のいい人だけが入れる団体です。
IQが上位2％の人だけが入れることになっています。

中川 弟さんはメンサ会員じゃないんですか。

田 弟さんも頭がいいんですけど、お兄さんほどじゃない
みたいですね。

▶ 낱말과 표현

イケメン 꽃미남 | **会員** 회원 | **団体** 단체 | **上位** 상위

122

01   ～ほど～ない ～만큼 ～하지 않다 (비교)

》 【동사 보통체 · 명사】＋ ほど～ない

| 예문 |

❶ 今年の冬は去年ほど寒くないですね。

올해 겨울은 작년만큼 춥지 않군요.

❷ 釜山もにぎやかな都市だが、ソウルほどではない。

부산도 번화한 도시지만, 서울만큼은 아니다.

❸ 忙しくはないけど、君の無駄話に付き合うほど
暇じゃないよ。

바쁘지는 않지만 너랑 같이 수다를 떨 만큼 한가하지 않아.

❹ 試験は思っていたほど難しくなくて、安心しました。

시험은 생각했던 만큼 어렵지 않아서 안심했습니다.

Tip

예문 ②처럼 앞의 내용을 받아
'～ほどではない' 또는 '～ほど
じゃない' 형태로 나타낼 경우,
'～만큼은 아니다'로 해석합니다.

Tip

'ほど'는 'くらい'와 비슷한 면이
많습니다. 예를 들어 '～ほど～は
(い)ない(～만큼 ～는 없다)'의 경
우, 'くらい'와 바꿔 쓸 수 있습니
다. 그렇지만 비교 용법으로 쓰
이는 경우, 'くらい'로 바꿔 쓸 수
없습니다.
昨日ほど(≒くらい)暑い日はない。
어제만큼 더운 날은 없다.
(둘 다 사용 가능함)
昨日ほど(→くらい(×))暑くない。
어제만큼 덥지 않다.
('ほど'만 사용 가능함)

▶ **낱말과 표현**

無駄話 수다, 쓸데없는 잡담 | **～に付き合う** ～을(를) 같이 해 주다 | **安心する** 안심하다

02 ～だけでなく ～뿐만 아니라

» 【동사, い형용사 보통체 · 명사】+だけでなく

» 【な형용사 어간】+なだけでなく

| 예문 |

❶ カタカナだけでなく、ひらがなも読めない。

가타카나뿐만 아니라 히라가나도 읽을 줄 모른다.

❷ 友達の家は庭が広いだけじゃなく、地下室まであります。

친구 집은 마당이 넓을 뿐만 아니라 지하실까지 있습니다.

❸ 違反すると、罰金を払うだけでなく、ボランティアまで
しなければならない。

위반하면 벌금을 낼 뿐만 아니라 봉사 활동까지 해야 한다.

❹ 彼は自分の間違いを認めないだけでなく、人の悪口まで
言い出した。

그는 자기 잘못을 인정하지 않을 뿐만 아니라 남의 욕까지 하기 시작했다.

❺ 彼女は親切なだけじゃなくて、よく気が利く人だ。

그녀는 친절할 뿐만 아니라 꽤 눈치가 빠른 사람이다.

Tip

'～ばかりでなく', '～ばかりか'도
같은 뜻으로 사용됩니다.

時給が減ったばかりか(≒だけで
なく)、交通費の支給もなくなりま
した。

시급이 줄어들었을 뿐만 아니라
교통비 지급도 없어졌습니다.

Tip

회화체로는 예문 ②⑤처럼 '～だ
けじゃなく(て)' 형태로 사용되는
경우가 많습니다.

▶ 낱말과 표현

庭 마당, 정원 | 地下室 지하실 | 違反する 위반하다 | 罰金を払う 벌금을 내다 | ボランティア 봉사 활동 |
間違い 잘못, 틀린 것 | 認める 인정하다 | 悪口を言う 욕을 하다 | (동사 ます형+)出す ～하기 시작하다 |
気が利く 눈치가 빠르다, 재치가 있다 | 時給 시급 | 減る (양이) 줄다 | 交通費 교통비 | 支給 지급

03 〜ことになっている 〜하기로 되어 있다, 〜하는 것으로 되어 있다

» 【동사 기본형·ない형】+ ことになっている

Tip

법이나 규칙, 사회적 습관, 계약, 약속 등으로 정해진 일에 대해 말할 때 사용합니다.

| 예문 |

❶ 欠席するときは、先生に連絡することになっています。
결석할 때는 선생님에게 연락하기로 되어 있습니다.

❷ 我が家では、毎日夕飯の担当が変わることになっています。
우리 집에서는 매일 저녁(밥) 담당이 바뀌는 것으로 되어 있습니다.

❸ 来週までに契約金を支払うことになっています。
다음 주까지 계약금을 지불하기로 되어 있습니다.

❹ こちらのチケットは日付の変更ができないことになっております。
이 티켓은 날짜 변경이 안 되는 것으로 되어 있습니다.

Tip

'いいことに…', 'だめなことに…' 등 동사와 연결된 일부 형용사에 붙는 경우도 있습니다.

砂糖や塩は、賞味期限を表示しなくてもいいことになっている。
설탕이나 소금은 유통 기한을 표시하지 않아도 되는 것으로 되어 있다.

▶ **낱말과 표현**

欠席する 결석하다 | 我が家 우리 집 | 夕飯 저녁밥 | 担当 담당 | 契約金 계약금 | 支払う 지불하다 | 日付 날짜 |
変更 변경 | 砂糖 설탕 | 塩 소금 | 賞味期限 유통 기한 | 表示する 표시하다

▶ 아래와 같이 문장을 완성해 봅시다.

예)

ロシア

中国は<u>ロシアほど</u>面積が広くありません。

중국은 러시아만큼 면적이 넓지 않습니다.

❶

白頭山

漢挐山は＿＿＿＿＿＿＿＿＿＿＿＿＿＿

高くありません。

❷

ブラジル

日本は＿＿＿＿＿＿＿＿＿＿＿＿＿＿＿＿強くない。

❸

思う

世の中は、あなたが＿＿＿＿＿＿＿＿＿＿＿＿＿

甘くありませんよ。

❹

泣く

A 俺、映画の最後の方はずっと泣いてたよ。

B そう？確かに感動はしたけど、

＿＿＿＿＿＿＿＿＿＿＿＿＿＿＿じゃなかったなあ。

▶ **낱말과 표현**

面積 면적 | **白頭山** 백두산 | **ブラジル** 브라질 | **世の中** 세상 | **甘い** 만만하다 | **最後** 최후, 마지막 |
確かに〜 물론 〜하기는 하다 | **感動する** 감동하다

▶ 아래와 같이 문장을 완성해 봅시다.

예)

英語 えいご

あの先生は英語だけでなく、フランス語も話せます。

저 선생님은 영어뿐만 아니라 프랑스어도 말할 수 있습니다.

❶ やせる

適度な運動をすると、＿＿＿＿＿＿＿＿＿、

体も元気になります。

❷ まずい

この店は料理が＿＿＿＿＿＿＿＿＿、

店員の態度も悪い。

❸ 真面目だ

彼女は＿＿＿＿＿＿＿＿＿＿＿＿＿、

かわいらしさも兼ね備えている。

❹ 変わる

新しいホームページはデザインが

＿＿＿＿＿＿＿＿＿、内容も充実している。

▶ **낱말과 표현**

やせる 살 빠지다 | **適度**だ 적당하다 | **まずい** 맛없다 | **店員** 점원 | **態度** 태도 | **真面目**だ 성실하다, 부지런하다 |
かわいらしさ 귀염성 | **兼ね備える** 겸비하다 | **ホームページ** 홈페이지 | **デザイン** 디자인 | **内容** 내용 |
充実している 충실하다, 알차다

▶ 아래와 같이 문장을 완성해 봅시다.

예)

空港に着いたら電話をかけることになっています。

공항에 도착하면 전화를 하기로 되어 있습니다.

❶ 今週の日曜日は、

家族で＿＿＿＿＿＿＿＿＿＿＿＿＿＿＿なっています。

❷ テスト期間中なので、

学生は＿＿＿＿＿＿＿＿＿＿＿＿＿＿＿なっています。

❸ この学校では、

カバンは＿＿＿＿＿＿＿＿＿＿＿＿＿＿＿なっています。

❹ 5回以上欠席したら、

＿＿＿＿＿＿＿＿＿＿＿＿＿＿＿なっています。

❺ うちの会社では、

始業前に＿＿＿＿＿＿＿＿＿＿＿＿＿＿＿なっています。

朝礼をする　　単位がもらえない　　事務室に入れない

指定されたものを使う　　(電話をかける)　　ドライブに行く

▶ **낱말과 표현**

期間中 기간 중 | うちの~ 우리~ | 始業前 업무 시작 전 | 朝礼 조례(아침 모임) | 単位をもらう 학점을 받다 |
事務室 사무실 | 指定される 지정되다

128

▶ 주어진 질문에 예와 같이 대답해 봅시다.

① 自分と他の人を比べて、どんなことを感じますか。

예) 私は母ほど音痴じゃありません。

_____

② 韓国と他の国を比べて、どんなことを感じますか。

예) 韓国は日本ほど交通費が高くありません。

_____

③ 周りにすごいと思う人がいますか。

예) 姉はプログラミングだけでなく、ウェブデザインもプロ級です。

_____

④ 学校や家にはどんなルールがありますか。

예) 私の家では、一番最後に帰った人が洗い物をすることになっています。

_____

▶ 낱말과 표현

他の 다른 | 比べる 비교하다 | 音痴 음치 | 国 나라 | 周り 주변 | プログラミング 프로그래밍 |
ウェブデザイン 웹 디자인 | プロ級 프로급 | ルール 룰, 규칙 | 一番 제일 | 洗い物 설거지

規則(きそく)

 Track 5-09-02

私(わたし)の通(かよ)っていた中学校(ちゅうがっこう)は、校則(こうそく)がとても厳(きび)しいところでした。制服(せいふく)だけでなく、カバンも学校(がっこう)が指定(してい)したものしか使(つか)ってはいけないことになっていました。靴(くつ)や靴下(くつした)の色(いろ)に加(くわ)え、髪型(かみがた)や髪(かみ)の長(なが)さまで指定(してい)されていました。そういった身(み)だしなみのことだけでなく、行動面(こうどうめん)でも厳(きび)しい学校(がっこう)でした。いろいろありますが、例(たと)えば男女交際(だんじょこうさい)が禁止(きんし)されていました。男子(だんし)と女子(じょし)が学校(がっこう)の中(なか)で二人(ふたり)きりで話(はな)すことすら許(ゆる)されないことになっていました。もし、何(なん)らかの理由(りゆう)で男子(だんし)と女子(じょし)が二人(ふたり)で話(はな)す必要(ひつよう)があるときは、専用(せんよう)の教室(きょうしつ)を利用(りよう)することになっていました。もちろんそんな教室(きょうしつ)は誰(だれ)も使(つか)いませんでしたが……。周(まわ)りにも校則(こうそく)が厳(きび)しい学校(がっこう)はありましたが、どこもうちの学校(がっこう)ほどではありませんでした。

その代(か)わり家(いえ)では結構気楽(けっこうきらく)でした。親(おや)も他(ほか)の家(いえ)ほど厳(きび)しくなく、自由(じゆう)に育(そだ)てられたと思(おも)います。ただ、中学生(ちゅうがくせい)のときは10時(じ)までに寝(ね)ることになっていました。それだけは守(まも)るのが少(すこ)し大変(たいへん)でした。

▶ **낱말과 표현**

規則(きそく) 규칙 | 校則(こうそく) 교칙 | 厳(きび)しい 엄하다, 엄격하다 | 制服(せいふく) 제복 | 靴下(くつした) 양말 | ～に加(くわ)え ～은/는 물론, ～말고도 |
髪型(かみがた) 머리 스타일 | そういった 그러한 | 身(み)だしなみ 차림새 | 行動(こうどう) 행동 | ～面(めん) ～면 | 例(たと)えば 예를 들어 |
男女交際(だんじょこうさい) 남녀 교제 | 禁止(きんし)される 금지되다 | 男子(だんし) 남자 (아이) | 女子(じょし) 여자 (아이) | ～きりで (최종적으로) ～만으로 |
～すら ～조차 | 許(ゆる)される 허용되다, 허락되다 | 何(なん)らかの～ 어떠한～ | 必要(ひつよう) 필요 | 専用(せんよう) 전용 | もちろん 물론 |
気楽(きらく)だ 마음 편하다 | 自由(じゆう)に 자유롭게 | 育(そだ)てられる 키워지다, 양육되다 | 守(まも)る 지키다

▶ [읽기 연습]을 참고하여 학교나 집의 규칙에 대해 써 봅시다.

問題1 つぎの文の（　　　）に入れるのに最もよいものを、①・②・③・④から一つえらびなさい。

1 この学校では、外国語をつ選択する（　　　）なっています。

① のを 　　　 ② うちで 　　　 ③ ものが 　　　 ④ ことに

2 私のいとこは勉強（　　　）でなく、スポーツもよくできます。

① しか 　　　 ② ほか 　　　 ③ だけ 　　　 ④ どころ

3 兄も背が高いが、父（　　　）ではない。

① ほど 　　　 ② すら 　　　 ③ より 　　　 ④ ばかり

問題2 ＿＿＿＿＿に意味が最も近いものを、①・②・③・④から一つえらびなさい。

4 デザインを変更しようと思うんですが、みなさんはいかがお考えですか。

① 変にしよう 　 ② 変えよう 　 ③ 更に増やそう 　 ④ 更によくしよう

問題3 つぎの文の＿＿★＿＿に入る最もよいものを、①・②・③・④から一つえらびなさい。

5 この仕事は ＿＿＿＿ ★ ＿＿＿＿ ＿＿＿＿ ないよ。

① 思っている 　　 ② 楽じゃ 　　 ③ みんなが 　　 ④ ほど

132

▶ 상반되는 뜻을 가진 ことわざ(속담)

속담은 자신의 인생훈이 될 수도 있지만, 자칫 반대의 뜻을 가진 속담을 잘못 사용하면 곤란해질 수도 있습니다.

좋아하니까 잘하는 건가? 못하는데 괜히 좋아하는 건가?

여러분은 일본어를 좋아하지요? 그렇다면 일본어 실력이 상당하겠네요. 이런 속담이 있으니까요.

好きこそものの上手なれ 좋아하는 일은 숙달되는 법이다

어떤 일을 잘하기 위해서는 그것을 좋아하는 것이 최고의 지름길이 아닐까요? 주위를 둘러봐도 노래를 좋아하는 사람은 노래를 잘 부르고, 그림을 좋아하는 사람은 그림을 잘 그리고, 그렇지 않나요? 그런데 반대로 이런 속담도 있습니다.

下手の横好き 못하는 주제에 좋아하기만 한다

무척 좋아하는데도 불구하고 그것을 심하게 못하는 경우도 확실히 있습니다. 그런데 좋아하는 일을 열심히 하고 있는데 이런 소리를 들으면 상당히 억울합니다. 그래서 상반되는 속담은 상황을 잘 파악해서 적절히 사용해야 합니다. 상대방을 격려할 때는 '好きこそものの上手なれ'를, 자기 일에 대해 겸손하게 말할 때는 '下手の横好き'를 사용해서 말하면 딱 좋을 것 같습니다.

세 번째 도전은 성공이냐 실패냐

'失敗は成功のもと(실패는 성공의 어머니)'라는 말도 있지만 막상 실패를 하면, 그것도 연속으로 실패하게 되면 그 절망감은 여간 크지 않을 것입니다. 그래서 다음과 같은 속담으로 상대방이나 자기자신을 달래 주면 어떨까요?

三度目の正直 세 번째는 잘되게 마련이다

여러 번의 실패를 거쳐야 성공을 얻기 마련이지요. 이 속담은 정말 우리 인생의 큰 힘이 될 듯합니다. 그런데 아니나 다를까 이런 속담도 있습니다.

二度あることは三度ある 두 번 있는 일은 세 번도 있다

두 번 실패했으니 그 다음도 실패!? 음, 이건 완전히 앞의 것과 반대되는 말이네요. 그런데 사실 사용하는 상황은 다릅니다. 이 속담은 두 번이나 실패를 하고도 방심하고 있는 상대방이나 자기 자신에 대해 조심하라고 타이를 때 사용하는 것이지요.

인생이란 다양한 측면이 있기 때문에 속담도 여러 각도에서 접근하는 것 같습니다. 옛사람의 지혜가 담긴 속담을 상황에 맞게 사용한다면 어려움을 극복하는 데 큰 힘이 될 겁니다.

✏️ 가타카나를 써 보자!

ホームページ 홈페이지	ホームページ	
エンジニア 엔지니어	エンジニア	
プログラミング 프로그래밍	プログラミング	
コーディング 코딩	コーディング	
ブラウザ 브라우저	ブラウザ	

✏️ 한자를 써 보자!

規則 규칙	規則	
禁止 금지	禁止	
違反 위반	違反	
自由 자유	自由	
厳しい 엄하다	厳しい	

期待していた通り
おいしかったです。

きたい
とお

기대했던 대로 맛있었습니다.

point

Track 5-10-01

中野　僕が紹介した店、行ってみた？

丁　　はい、期待していた通り、おいしかったです。

中野　それはよかった。
　　　あの深みのある味は他では味わえないよね。

丁　　そうですね。私もあのほのかな甘みに惚れました。

中野　あと、量も結構多いよね。

丁　　はい、でも1時間かかって何とか食べきりました。

▶ 낱말과 표현

期待する 기대하다 │ **よかった** 다행이다 │ **深み** 깊이 │ **味** 맛 │ **他** 다른 곳 │ **味わう** 맛보다, (맛을) 즐기다 │
ほのかだ 은은하다 │ **甘み** 단맛 │ **惚れる** 반하다 │ **量** 양 │ **かかる** (시간이) 걸리다 │ **何とか** 겨우, 간신히

136

01 〜通(とお)り(に) ~대로

≫ 【동사 기본형·た형】+ 通(とお)り(に)

≫ 【명사】+ の通(とお)り(に) 또는 【명사】+ 通(どお)り(に)

| 예문 |

❶ 私(わたし)の言(い)う通(とお)りにやってみてください。

　제가 말하는 대로 해 보세요.

❷ 彼(かれ)が思(おも)った通(とお)り、猫(ねこ)はもういなくなっていた。

　그가 생각한 대로 고양이는 이미 사라지고 없었다.

❸ 説明書(せつめいしょ)の通(とお)りに組(く)み立(た)てないといけません。

　설명서대로 조립해야 합니다.

❹ レシピ通(どお)りに作(つく)ってみたけど、あんまりおいしくなかった。

　레시피대로 만들어 봤는데 별로 맛이 없었다.

> **Tip**
>
> 명사 접속은 두 가지 방법이 있습니다. 'の' 없이 접속할 경우, '通り'의 발음이 'どおり'가 됩니다. 또한 '通り' 뒤에 바로 'の'가 붙는 경우, '명사+のとおり' 접속이 다소 어색해지므로, '명사+どおり' 접속을 사용하는 편이 자연스럽습니다.
>
> 예정된 일정대로 공사를 진행하고 있습니다.
> → 予定(よてい)どおりの日程(にってい)で工事(こうじ)を進(すす)めています。(○)
> → 予定(よてい)のとおりの日程(にってい)で工事(こうじ)を進(すす)めています。(△)

▶ **낱말과 표현**

いなくなる (사람/동물이) 사라지다 │ 説明書(せつめいしょ) 설명서 │ 組(く)み立(た)てる 조립하다 │ レシピ 레시피 │

あんまり 별로, 그다지(구어체) │ 予定(よてい) 예정 │ 日程(にってい) 일정 │ 工事(こうじ) 공사 │ 進(すす)める 진행하다

02 ～きる 다 ～하다

» 【ます형】+ きる

| 예문 |

❶ 先日初めて10kmマラソンを走りきりました。

지난번 처음으로 10km 마라톤을 끝까지 달렸습니다.

❷ 暇だったので、『カラマーゾフの兄弟』を二日で読みきりました。

한가했기 때문에 『카라마조프가의 형제들』을 이틀 만에 다 읽었습니다.

❸ 一度決めたら、最後までやりきる覚悟を持ってください。

한번 마음 먹었으면 끝까지 해낼 각오를 하세요.

❹ この店の定食は、量が多くていつも食べきれません。

이 가게의 정식은 양이 많아서 항상 다 먹지 못합니다.

❺ 待ちきれないなら、会いに行っちゃえば。

더 이상 기다리지 못 하겠다면 만나러 가면 되지.

Tip

직역하면 어색할 수 있으므로 '끝까지 ～하다', '완전히 ～하다,' '더 이상 ～할 수 없다' 등 문맥에 맞게 탄력적으로 해석할 필요가 있습니다.

Tip

예문 ③처럼 '하다'의 뜻으로 사용할 때는 'する'보다 'やる'를 사용해서 'やりきる(다 하다/해내다)' 형태로 사용됩니다.

Tip

예문 ④⑤처럼 '～きれない'(가능형의 부정) 형태로 사용되는 경우도 많습니다.

▶ **낱말과 표현**

先日 지난 일, 지난번 | 初めて 처음(으로) | マラソン 마라톤 | 最後 마지막, 끝 | 覚悟 각오 | 定食 정식

03 ～み ～함(형용사의 명사화)

» 【형용사 어간】 + み

甘い → 甘み 단맛, 달콤함

新鮮だ → 新鮮み 신선미, 신선한 맛

| 예문 |

❶ 彼の悲しみはどれほど大きかっただろうか。

그의 슬픔은 얼마나 컸을까.

❷ この部分は苦みが強くて食べられないな。

이 부분은 쓴맛이 강해서 못 먹겠다.

❸ 暖かみのある店の雰囲気が素敵だ。

따뜻함이 있는 가게 분위기가 매력적이다.

❹ 教授の言葉には重みがある。

교수님 말씀에는 무게가 있다.

▶ **낱말과 표현**

どれほど 얼마나 │ 雰囲気 분위기 │ 素敵だ 근사하다, 매력적이다

| み가 붙는 대표적인 형용사 |

Tip

'〜み'가 붙는 형용사는 한정되어 있고, 특별히 규칙성도 없으므로 단어 차원에서 기억하는 것이 좋습니다. 또한 거의 대부분 い형용사에 붙습니다.

赤い 빨갛다	青い 파랗다	うまい 맛있다	甘い 달다
赤み 붉은 기	青み 푸른 기	うまみ 감칠맛	甘み 단맛, 달콤함
苦い 쓰다	深い 깊다	丸い 둥글다	重い 무겁다
苦み 쓴맛, 씁쓸함	深み 깊이, 깊은 맛	丸み 둥그스름함	重み 무게
強い 강하다	弱い 약하다	痛い 아프다	苦しい 괴롭다
強み 강점	弱み 약점	痛み 아픔, 통증	苦しみ 괴로움, 고통
暖かい 따뜻하다	親しい 친하다	ありがたい 고맙다	楽しい 즐겁다
暖かみ 따뜻함, 온기	親しみ 친숙함, 친근감	ありがたみ 고마움	楽しみ 즐거움, 낙
面白い 재미있다	悲しい 슬프다	新鮮だ 신선하다	真剣だ 진지하다
面白み 재미	悲しみ 슬픔, 비애	新鮮み 신선미	真剣み 진지함, 골똘함

▶ 아래와 같이 문장을 완성해 봅시다.

예)

1 希望どおり、工学部に入りました。
희망대로 공학부에 들어갔습니다.

2 スケジュール表に書いてあるとおりに出勤してください。
스케줄표에 적혀 있는 대로 출근해 주세요.

❶ 軍隊では、上官の_____に動かなければならない。

❷ 昨日の試合は、私が_____、韓国が勝った。

❸ この店は年末年始も_____、営業しています。

❹ 先生が_____にすれば、うまく発音できるよ。

❺ 今回のイベントは_____、
無事に終えることができた。

通常　　計画　　命令　　⟨希望⟩
教える　⟨書いてある⟩　思った

▶ 낱말과 표현

希望 희망 ｜ 書いてある 적혀 있다 ｜ 出勤する 출근하다 ｜ 軍隊 군대 ｜ 上官 상관 ｜ 年末年始 연말연시 ｜
営業する 영업하다 ｜ うまく 잘 ｜ 発音する 발음하다 ｜ 無事に 무사히 ｜ 終える 끝내다, 마치다 ｜ 通常 평상시 ｜
計画 계획 ｜ 命令 명령

▶ 아래 예와 같이 문장을 완성해 봅시다.

예)

書_かく

集中_{しゅうちゅう}してレポートを<u>書_かききり</u>ました。

집중해서 리포트를 다 썼습니다.

❶
歌_{うた}う

その歌手_{かしゅ}は、アンコールを含_{ふく}め全_{ぜん}20曲_{きょく}を

＿＿＿＿＿＿＿＿＿ました。

❷ 歩_{ある}く

ウォーキング大会_{たいかい}では、7歳_{さい}の子_こも30kmを

＿＿＿＿＿＿＿＿＿ました。

❸
覚_{おぼ}える

この問題集_{もんだいしゅう}に載_のっている漢字_{かんじ}を

＿＿＿＿＿＿＿＿＿たら、間違_{まちが}いなく合格_{ごうかく}できるよ。

❹
使_{つか}う

容量_{ようりょう}を＿＿＿＿＿＿＿てしまったので、

新_{あたら}しいアプリを入_いれられません。

▶ **낱말과 표현**

集中_{しゅうちゅう}する 집중하다 | アンコール 앙코르 | 含_{ふく}める 포함하다 | 全_{ぜん}〜曲_{きょく} 전 〜곡 | ウォーキング大会_{たいかい} 워킹(걷기) 대회 |
載_のる 실리다 | 間違_{まちが}いなく 틀림없이 | 容量_{ようりょう} 용량 | アプリ 앱(アプリケーション의 준말)

▶ 아래와 같이 문장을 완성해 봅시다.

예)

このコーヒーは深みがあって、おいしいですね。

이 커피는 깊은 맛이 있어서 맛있네요.

❶ 三日前にできた傷なのに、まだ＿＿＿＿＿＿＿が残っています。

❷ 納豆は臭いがきついかもしれませんが、実は＿＿＿＿＿＿＿
成分が豊富なんですよ。

❸ 皆さんに助けてもらった、その＿＿＿＿＿＿＿を感じながら
これからも生きていきます。

❹ 5ヶ国語を操れるというのが彼女の最大の＿＿＿＿＿＿＿ですね。

❺ 彼はとてもユーモアがあって＿＿＿＿＿＿＿のある人物だね。

面白い　　うまい　　強い　　痛い　　ありがたい　　（深い）

▶ 낱말과 표현

深い 깊다 ｜ できる 생기다 ｜ 傷 상처 ｜ 残る 남다 ｜ 納豆 낫토(일본식 청국장) ｜ 臭いがきつい 냄새가 심하다 ｜
実は 실은 ｜ 成分 성분 ｜ 豊富だ 풍부하다 ｜ これからも 앞으로도 ｜ 〜ヶ国語 〜개 국어 ｜ 操る 다루다, 구사하다 ｜
最大 최대 ｜ ユーモア 유머 ｜ 人物 인물 ｜ うまい 맛있다 ｜ ありがたい 고맙다

▶ 주어진 질문에 예와 같이 대답해 봅시다.

① 親や先生の言う通りに、どんなことをしたことがありますか。

예) 大学4年生の頃、親の言う通りに、毎日12時間勉強しました。

_____

② 何かをやりきったことがありますか。

예) 冬休みに百冊の本を読みきりました。

_____

③ 周りの人はどんな強みや弱みがありますか。

예) お金のことになると態度が変わるところが母の弱みです。

_____

▶ 낱말과 표현

親 부모 │ **〜頃** 〜때쯤 │ **〜冊** 〜권(책을 세는 수사) │ **態度が変わる** 태도가 바뀌다

Track 5-10-02

フルマラソンに挑戦！

私の朝の楽しみと言えばジョギングです。毎日5kmくらい走ります。もう3年ほど続けているので、だいぶ速く走れるようになってきました。そこで、初めてフルマラソンに挑戦することにしました。

大会の3ヶ月くらい前には、マラソンの本を買って、その本に書いてある通りに練習をしました。練習だけではありません。食事も大事だそうです。大会の1週間くらい前から炭水化物を普段より多く摂るといい記録が出るというのです。自分で本のレシピ通りに料理を作って食べました。

ところが、練習をしすぎたせいか、足に少し痛みを感じるようになりました。大会当日、半分くらい過ぎたところで、予想通り足の痛みが強くなり、「走りきれないかもしれない」と思いましたが、何とか耐えて走り続けました。そして、5時間くらいかかって42.195kmを走りきりました。

この経験は私にとって、大きな自信となりました。何かを最後までやりきるというのはとても大事なことだと思いました。次は100kmのウルトラマラソンに挑戦したいと思います。

▶ **낱말과 표현**

フルマラソン 풀 마라톤 | 挑戦 도전 | ジョギング 조깅 | そこで 그래서 | ～ヶ月 ~개월 | 練習 연습 |
食事 식사 | ～週間 ~주일 | 炭水化物 탄수화물 | 普段 평소 | 摂る 섭취하다 | 記録 기록 | 自分で 스스로 |
ところが 그런데 | 当日 당일 | 半分 절반 | 過ぎる 지나다 | 予想 예상 | 耐える 참다, 견디다 |
(동사ます형＋)続ける 계속 ~하다 | 経験 경험 | ～にとって ~에게 있어 | 自信 자신(감) | 次 다음 | ウルトラ 울트라

▶ [읽기 연습]을 참고하여 자신이 도전해 본 것에 대해 써 봅시다.

JLPT에 도전!! ·········· Actual practice

問題1 つぎの文の（　　　）に入れるのに最もよいものを、①・②・③・④から一つえらびなさい。

1 親戚の家に行くと、いつも（　　　）きれないほどの料理が出る。

① 食べ　　② 食べて　　③ 食べず　　④ 食べられ

2 予定（　　　）、体育大会は来週の木曜日に行います。

① とおり　　② どおり　　③ ところ　　④ どころ

3 この野菜は少し（　　　）がありますね。

① 苦き　　② 苦し　　③ 苦み　　④ 苦り

問題2 ＿＿＿＿に意味が最も近いものを、①・②・③・④から一つえらびなさい。

4 思った通り、あの会社はつぶれたよ。

① 計画した　　② 期待した　　③ 予想した　　④ 予言した

問題3 つぎの文の ★ に入る最もよいものを、①・②・③・④から一つえらびなさい。

5 ＿＿＿ ＿＿＿ ★ ＿＿＿ 言葉を いただきました。

① 温かみの　　② 先生から　　③ ある　　④ 最後に

Lesson 10 期待していた通りおいしかったです。 147

✎ 가타카나를 써 보자!

ジョギング 조깅	ジョギング	
マラソン 마라톤	マラソン	
ランナー 러너, 주자	ランナー	
ウォーキング 워킹, 걷기	ウォーキング	
ストレッチ 스트레칭	ストレッチ	

✎ 한자를 써 보자!

予定 예정	予定		
計画 계획	計画		
期待 기대	期待		
想像 상상	想像		
希望 희망	希望		

부록

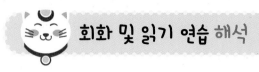

1과

▶ 회화

아오키 어? 다나카 씨는 아직 안 왔나요?
　　　　전화해 볼까요?
조　　　아뇨, 이제 곧 올 거니까 조금만 더 기다려 봅시다.
　　　　……
아오키 아무리 기다려도 안 오네요. 어떻게 된 걸까요?
조　　　이상하군요.
　　　　다나카 씨가 약속을 어길 리는 없는데.
아오키 전화해 볼게요. ……음, 안 받네요.
조　　　이상하군요. 평소라면 금방 받을 텐데요.
　　　　걱정이네요.

▶ 읽기 연습

초현실적 현상

여러분은 초현실적 현상을 믿습니까? 예를 들어 유령이나
사후세계, UFO나 외계인, 그리고 초능력이나 타임슬립
등. 저는 반신반의지만 친한 친구인 N은 이러한 초현실적
현상, 특히 유령이나 사후세계를 굳게 믿고 있습니다.

N은 유령을 본 적이 있다고 합니다. 어렸을 때 큰 수술을
받았을 때 유체이탈을 하고 사후 세계를 엿보았다고도 합
니다. N이 아무리 이런 이야기를 해도 대부분의 사람들은
믿어 주지 않습니다. "유령 따위 있을 리가 없다", "사후세
계 따위 있을 리가 없다"라고. 예전에는 저도 비슷하게 생
각했지만 N의 이야기를 듣고 나서는 마음이 흔들리기 시
작했습니다.

애초에 이 우주나 생명, 인간의 존재 자체가 모두 현재 과
학으로 설명할 수 있는 것이 아닙니다. 세계와 자신의 존
재조차 그러한 불확실한 것이기 때문에, 그 외에도 과학
으로 해명할 수 없는 일이 일어나도 이상하지 않을 것입니
다. 완전히 믿는 것은 아니지만 완전히 부정할 수도 없다
는 것이 이러한 초현실적 현상에 대한 제 생각입니다.

2과

▶ 회화

백　　　후지이 군은 볼 때마다 성장하고 있군.
후지이 부장님, 감사합니다.
백　　　다음 거래도 자네 프레젠테이션에 달려 있어.
후지이 네, 열심히 하겠습니다.
　　　　일을 맡을 때마다 설렙니다.
백　　　그래, 믿음직스럽군. 기획서는 이제 완성돼 가나?
후지이 네, 거의 다 됐습니다. 다 되는 대로 보여 드리
　　　　겠습니다.

▶ 읽기 연습

신세를 진 선생님께

선생님, 잘 지내시나요? 나고야에 온 지 벌써 2개월이 됩
니다. 일본어학교 수업은 너무 재미있고, 매일이 즐겁습니
다. 그래도 가끔씩 선생님 수업이 그리워집니다. 선생님께
서는 수업 때마다 재미있는 이야기를 해 주셨습니다. 그리
고 만날 때마다 항상 저를 격려해 주셨습니다. 선생님께는
정말 감사하고 있습니다.

그러고 보니 지난번 JLPT의 N1 시험을 쳤습니다. 조금 있
으면 결과를 전달받을 예정입니다. 자신이 있냐고 하시
면……, 조금 있습니다. JLPT를 칠 때마다 생각하는데,
역시 한자가 중요하지요. 그래도 저는 다행히 선생님 지도
덕분에 한자 실력이 늘어 자신감이 생겼기 때문에 이번 시
험은 그다지 어렵게 느껴지지 않았습니다. 결과는 알게 되
는 대로 보고하겠습니다.

다음 달은 드디어 대학원 입시입니다. 전문(전공) 과목과
면접이 조금 걱정입니다. 그래도 지금까지 정말 열심히 해
왔으니 나름대로 자신은 있습니다. 잘 되든 안 되든 결국
자기가 하기 나름이니까요. 선생님께서 늘 그런 이야기를
하셨던 것이 생각납니다. 대학원 결과도 정해지는 대로 연
락 드리겠습니다. 그럼 부디 몸조심하시기 바랍니다.

3과

▶ 회화

니시무라 아, 허 상, 이쪽이에요. 이쪽.

허 니시무라 씨, 미안해요. 폭우 탓에 이륙이 1시간이나 지연돼 버렸거든요.

니시무라 아니에요. 비행기가 늦은 덕분에 느긋하게 독서할 수 있었어요.

허 그렇다면 다행입니다.

니시무라 그럼 당장 갑시다. 허 상이 만나줬으면 하는(허 상에게 소개하고 싶은) 사람이 있거든요.

허 네? 누구예요? 궁금하네요.

▶ 읽기 연습

선생님에게 바라는 것

저는 일본어 선생님을 좋아합니다. 매우 상냥하고 수업 방식도 좋습니다. 선생님 덕분에 제 일본어 실력도 늘었습니다. 하지만 조금만 고쳤으면 하는 점도 있습니다.

우선 좀 더 큰 목소리로 말해 주셨으면 합니다. 수업에 조금 늦어서 뒷자리에 앉을 때는 선생님의 목소리가 잘 들리지 않습니다. 만약 큰 목소리를 못 내신다면 마이크를 사용해서 수업을 해 주셨으면 합니다.

다음으로 숙제를 조금 줄여 주셨으면 합니다. 선생님은 매주 꼭 2시간 이상 걸리는 숙제를 내십니다. 그 탓으로 다른 수업 공부를 못 할 때도 있습니다. 좀 더 시간이 걸리지 않는 숙제를 내주셨으면 합니다.

마지막으로 좀 더 웃어 줬으면 합니다. 선생님은 유머 감각도 있고, 재미있는 말씀도 때때로 하십니다. 하지만 선생님이 웃는 모습을 별로 본 적이 없습니다. 가끔 보여 주시는 선생님의 멋진 미소를 앞으로는 더 보여 주셨으면 합니다. 여러 가지 썼지만, 저는 선생님의 수업을 매우 좋아합니다.

4과

▶ 회화

후쿠다 지금 일본의 한국어 학습 상황에 대해서 조사하고 있어요.

남 한국어 교육개론의 리포트 말이지요?

후쿠다 네, 한국어 학습 인구는 10년 전에 비해 2배 이상 늘었다고 합니다.

남 굉장하군요. 왜 그렇게 인기가 모르고 있는 거예요?

후쿠다 그건 아직 조사 중입니다. 아마 한류 드라마의 영향이 크다고 생각하는데, 어떻게 생각해요?

남 맞다! 분명 그거일 거예요.
한국 드라마는 정말 재미있으니까요.

▶ 읽기 연습

제가 사는 동네의 변화에 대해

제가 사는 동네는 예전에 비하면 많이 달라졌습니다. 20년 전쯤, 제가 아직 아기였을 때, 부모님과 함께 이곳으로 이사 왔습니다. 어머니께 당시 동네 모습에 대해 물어보면 정말로 아무것도 없었다고 합니다. 가장 가까운 상점까지 가는 데도 걸어서 30분 정도 걸렸다고 합니다.

그런데 15년 정도 전부터 조금씩 달라지기 시작했습니다. 편의점이나 대형 마트, 백화점도 생기고, 굉장한 속도로 발전해 왔습니다. 지금은 아파트도 많이 생겨서, 시내에서도 인기 있는 지역 중 하나입니다.

하지만 옛날이 더 좋았던 점도 있습니다. 제가 아이였기 때문인지도 모르겠습니다만, 옛날에는 다정한 사람이 많았던 것 같습니다. 그에 비해 지금은 잠시 밖에 나가면 모르는 사람 뿐이고 인사를 하는 사람도 없습니다.

발전하는 것이 반드시 좋다고는 할 수 없군요. 그래도 옛날과 지금 어느 한쪽만을 택하라면 그것은 물론 지금을 택할 것입니다. 왜냐면 어쩔 수 없잖아요. 편의점이나 백화점이 없는 생활이란 생각할 수 없으니까요.

5과

▶ 회화

심 동영상 작성(제작)에는 익숙해졌어요?

오오타 네, 홍보부의 윤 상 덕분에 어느 정도 할 수 있게 되었습니다.

심 윤 상만큼 동영상 작성(제작)에 능통한 사람은 없으니까요.

오오타　지난번에 업로드된 동영상도 굉장했지요.
심　　　재생 횟수도 100만회를 넘었나 봐요.
오오타　저도 더 좋은 동영상을 만들 수 있도록 열심히
　　　　하겠습니다.

▶ 읽기 연습

나의 소중한 가족

아버지만큼 엄한 사람은 없습니다. 제가 뭔가 잘못을 하면
항상 엄하게 꾸짖어 주셨고, 왜 안되는지를 제대로 가르쳐
주셨습니다. 제가 세상일을 제대로 판단할 수 있게 된 것
은 아버지 덕분입니다.

어머니만큼 걱정이 많은 사람은 없습니다. 어른이 된 지금
도 "사고를 당하지 않도록 조심해라", "돈 낭비를 하지 않
도록 해라" 같은 소리를 매일 듣습니다. 물론 그만큼 애정
이 깊은 것도 알고 있습니다.

누나만큼 머리가 좋은 사람은 없습니다. 26살이라는 젊은
나이에 해외 유명 대학의 교수가 된 누나는 머리가 좋을
뿐만 아니라 대단한 노력가입니다. 누구에게도 뒤지지 않
도록 남다르게 노력해 온 것을 저는 알고 있습니다.

남동생만큼 귀여운 아이는 없습니다. 어릴 때는 혼자서는
아무것도 할 수 없어서 제가 늘 도와주었습니다. 그래도
요즘은 많이 커서 혼자서 뭐든지 할 수 있게 되어 조금 서
운한 기분이 듭니다.

가족만큼 소중한 존재는 없습니다. 앞으로도 가족 모두 화
목하게 살 수 있기를.

6과

▶ 회화

유　　　한국에서의 생활은 어떻습니까?
미우라　아직 온 지 얼마 안 돼서 모르는 것투성이에요.
유　　　한국어 공부는 어때요? 문법(공부)이 힘들지
　　　　요?
미우라　그게……, 문법은커녕 아직 한글도 못 외워서
　　　　요…….
유　　　조급해할 필요는 없어요.
　　　　아직 시작한 지 얼마 안 됐으니까요.
미우라　그렇게 말해 주시니 위로가 됩니다.

▶ 읽기 연습

한국에 온 지 얼마 안 됐을 때

한국에 온 지 얼마 안 됐을 때는 정말 힘들었습니다. 친
구는커녕 아는 사람조차 없었기 때문에 모르는 것은 전부
인터넷으로 알아봤습니다. 잠시 지나 친구가 생겼지만, 모
르는 것을 바로 검색하는 버릇이 고쳐지지 않았습니다. 그
것을 옆에서 보고 있던 친구가 "그런 것 알아볼 건 없어.
나한테 물어보면 돼"라고 말해 줬기 때문에 그때부터는 친
구에게 기대기만 하고 있습니다. 요즘은 무엇이든 바로 물
어보는 버릇이 생겨 버렸기 때문에, 도리어 폐를 끼치고 있
지 않을까 걱정됩니다.

한국에 오자마자 한국어 공부를 시작했지만, 막 시작했을
무렵에는 한글을 외우는 데 고생했습니다. 어학당에서 본
격적으로 문법을 배우기 시작했을 때도 한글을 쓰기는커
녕 아직 읽는 것조차도 제대로 되지 않아서, 수업에 나가
는 것이 스트레스였습니다. 그런 저를 보다 못한 친구가
"그렇게 조급해할 건 없어. 언제든지 공부 도와줄게"라고
격려해 준 덕분에 조금 안심했는지 갑자기 외우는 것이 빨
라지고 한국어를 공부하는 것이 즐거워졌습니다.

역시 친구는 소중해요. 이제부터는 저도 주변 친구들에게
도움이 되는 사람이 되려고 합니다.

7과

▶ 회화

오카모토　노상, 신혼 생활은 어떻습니까?
노　　　　음, 제법 힘들어요. 아내한테는 1시간마다 전화
　　　　　를 해야 돼요.
오카모토　그건 힘들겠군요. 그렇지만 부인은 소중히 해야
　　　　　합니다.
노　　　　물론 알고 있는데 1시간마다 하는 건 벅찹니다.
오카모토　결혼해도 여러 가지 일이 있군요.
노　　　　다들 오해하고 있는데, 결혼은 골(끝)이 아니라
　　　　　시작에 불과한데 말이지요.

▶ 읽기 연습

갖고 싶은 것

남동생은 "어쨌든 돈을 원한다"라고 말합니다. 하지만 돈
은 그저 수단에 불과합니다. 돈으로 무엇이 하고 싶은지가
문제라고 생각합니다. 여동생은 "어쨌든 새로운 고성능 스
마트폰을 갖고 싶다"라고 말합니다. 하지만 스마트폰도 그

냥 도구에 불과합니다. 고성능 스마트폰으로 무엇이 하고 싶은지가 문제입니다.

두 사람 모두 목적의식을 가져야 합니다. 저도 돈과 스마트폰을 갖고 싶습니다. 하지만 그것은 그 다음 단계에 있는 것을 갖고 싶기 때문입니다. 돈이 갖고 싶은 것은 새로운 고성능 스마트폰이 갖고 싶기 때문입니다. 고성능 스마트폰을 갖고 싶은 것은 처리 속도가 빠른 스마트폰을 사용해서 시간을 절약하고 싶기 때문입니다. 그렇습니다. 제가 정말로 원하는 것은 시간입니다.

그 시간을 얻기 위해, 저는 하루걸러 아르바이트하러 나갑니다. 매일 나가지 않는 것은 지금 이 시간도 소중히 해야 한다고 생각하기 때문입니다. 하루는 지금 자기 자신을 위해, 또 하루는 미래의 자신을 위해 씁니다. 얻은 시간을 이용해 무엇이 하고 싶냐고요? 그것은 또 다른 기회에……

8과

▶ 회화

마쓰다   이번 리포트는 무엇에 대해 쓴 거예요?
하   환경 문제에 대해서예요.
마쓰다   그렇군요. 그래도 환경 파괴로 인해 여러 가지 문제가 일어나고 있으니 범위도 넓고 어려운 주제지요.
하   그렇죠. 저도 이걸 계기로 더 공부해서 졸업논문도 이 주제로 쓰려고 생각하고 있어요.
마쓰다   대단하군요. 노력하는 하 상 모습을 보니까 저도 열심히 하지 않을 수 없군요.

▶ 읽기 연습

요즘 빠져 있는 것

예전에는 취미가 없었지만 지금은 우쿨렐레에 빠져 있습니다. 일 때문에 우쿨렐레 선생님과 아는 사이가 된 것을 계기로 3개월 전쯤부터 배우기 시작했습니다. 예전에 기타를 잠깐 쳐 본 적도 있고 해서 거의 거부감 없이 시작할 수 있었습니다. 한 달 만에 기본적인 코드는 대부분 외웠고, 지금은 레퍼토리도 20곡 정도가 되었습니다.

일하는 중에도 빨리 연습하고 싶어서 근질거립니다. 우쿨렐레 중독이 된 것일까요. 매일 우쿨렐레를 만지지 않을 수가 없게 되었습니다. 선생님은 초보자에게는 자주 있는 일이라고 말했습니다. 그만큼 중독성이 높은 악기인 것 같습니다. 그중에는 우쿨렐레를 안고 잘 수 밖에 없게 되는

사람도 있다고 합니다.

우쿨렐레의 무엇이 좋냐면 역시 그 음색이지요. 예전에 TV에서 "우쿨렐레의 소리를 들음으로써 힐링 효과를 얻을 수 있다"고 했는데 정말 그 말이 맞습니다. 스스로 우쿨렐레를 연주하고 그 소리를 듣고 즐김으로써 스트레스가 풀리는 것을 느낍니다. 앞으로도 '우쿨렐레가 연인'인 나날이 당분간은 계속될 것 같습니다.

9과

▶ 회화

나카가와   어, 저기 박 형제 아니에요? 둘 다 꽃미남이네요.
전   잘생겼을 뿐만 아니라 머리도 좋지요.
          형은 멘사 회원이라던데요.
나카가와   멘사가 뭐예요?
전   머리가 좋은 사람만 들어갈 수 있는 단체예요.
          IQ가 상위 2%인 사람만 들어갈 수 있는 것으로 되어 있어요.
나카가와   동생은 멘사 회원이 아닌가요?
전   동생도 머리가 좋은데 형만큼은 아닌가 봐요.

▶ 읽기 연습

규칙

제가 다니던 중학교는 교칙이 매우 엄격한 곳이었습니다. 제복뿐만 아니라 가방도 학교가 지정한 것밖에 쓰면 안되게 되어 있었습니다. 신발이나 양말의 색깔은 물론, 머리 스타일이나 머리카락 길이까지 지정되어 있었습니다.

그러한 차림새뿐만 아니라 행동 면에서도 엄격한 학교였습니다. 여러 가지 있겠지만 예를 들면 남녀 교제가 금지되어 있었습니다. 남자와 여자가 학교 안에서 둘이서만 이야기하는 것조차 허용되지 않게 되어 있습니다. 만약 어떠한 이유로 남자와 여자가 둘이서 이야기할 필요가 있을 때는 전용 교실을 이용하게 되어 있습니다. 물론 그런 교실은 아무도 이용하지 않았지만…… 주변에도 교칙이 엄격한 학교는 있었지만 모두 우리 학교만큼은 아니었습니다. 그 대신 집에서는 꽤 마음이 편했습니다. 부모님도 다른 집만큼 엄하지 않아 자유롭게 자랐다고 생각합니다. 다만, 중학생 때는 10시까지는 자도록 되어 있었습니다. 그것만큼은 지키는 것이 조금 힘들었습니다.

10과

▶ 회화

나카노   내가 소개한 가게 가 봤어?

정   네, 기대했던 대로 맛있었어요.

나카노   그건 다행이다. 그 깊이 있는 맛은 딴 데서는 맛
         볼 수 없지.

정   그렇네요. 저도 그 은은한 단맛에 반했어요.

나카노   그리고 양도 꽤 많지?

정   네, 그래도 1시간 걸려서 겨우 다 먹었어요.

▶ 읽기 연습

풀 마라톤에 도전!

제 아침의 즐거움이라 하면 조깅입니다. 매일 5km 정도
달립니다. 벌써 3년 정도 계속하고 있기 때문에, 꽤 빨리
달릴 수 있게 되었습니다. 그래서 처음으로 풀 마라톤에
도전하기로 했습니다.

대회 3개월 전쯤에는 마라톤 관련 책을 사서 그 책에 적혀
있는 대로 연습을 했습니다. 연습뿐만이 아닙니다. 식사도
중요하다고 합니다. 대회 1주일 전쯤부터 탄수화물을 평소
보다 많이 섭취하면 좋은 기록이 나온다는 것입니다. 스스
로 책에 있는 레시피대로 요리를 만들어 먹었습니다.

그런데 연습을 너무 많이 한 탓인지, 다리에 조금 통증을
느끼게 되었습니다. 대회 당일, 절반 정도 지난 시점에서
예상대로 다리의 통증이 심해져 '끝까지 못 달릴지도 모르
겠다'라고 생각했지만 간신히 참고 계속 달렸습니다. 그리
고 5시간 정도 걸려 42.195km를 끝까지 달렸습니다.

이 경험은 저에게 큰 자신감을 주었습니다. 무언가를 끝까
지 해낸다는 것은 매우 중요한 것이라고 생각했습니다. 다
음번에는 100km의 울트라 마라톤에 도전하고 싶습니다.

1과

| 1 | ① | | 2 | ③ | | 3 | ④ |
| 4 | ① | | 5 | ④ | | | |

2과

| 1 | ② | | 2 | ③ | | 3 | ③ |
| 4 | ② | | 5 | ① | | | |

3과

| 1 | ② | | 2 | ① | | 3 | ③ |
| 4 | ② | | 5 | ④ | | | |

4과

| 1 | ③ | | 2 | ④ | | 3 | ① |
| 4 | ④ | | 5 | ③ | | | |

5과

| 1 | ③ | | 2 | ③ | | 3 | ④ |
| 4 | ① | | 5 | ③ | | | |

6과

| 1 | ① | | 2 | ④ | | 3 | ③ |
| 4 | ④ | | 5 | ① | | | |

7과

| 1 | ④ | | 2 | ① | | 3 | ③ |
| 4 | ② | | 5 | ④ | | | |

8과

| 1 | ② | | 2 | ① | | 3 | ④ |
| 4 | ② | | 5 | ④ | | | |

9과

| 1 | ④ | | 2 | ③ | | 3 | ① |
| 4 | ② | | 5 | ① | | | |

10과

| 1 | ① | | 2 | ② | | 3 | ③ |
| 4 | ③ | | 5 | ① | | | |

색인(50음도순)

な

ま

참고 문헌

□ 中俣尚己『日本語教育のための文法コロケーションハンドブック』くろしお出版(2014)

외국어 출판 40년의 신뢰
외국어 전문 출판 그룹
동양북스가 만드는 책은 다릅니다.

40년의 쉼 없는 노력과 도전으로 책 만들기에 최선을 다해온 동양북스는
오늘도 미래의 가치에 투자하고 있습니다.
대한민국의 내일을 생각하는 도전 정신과 믿음으로 최선을 다하겠습니다.

동양북스

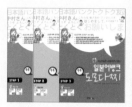

중국어 교재의 최강자, 동양북스 추천 교재

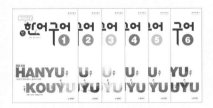

중국어뱅크 북경대학 신한어구어
1·2·3·4·5·6

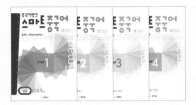

중국어뱅크 스마트중국어
STEP 1·2·3·4

중국어뱅크 집중중국어
STEP 1·2·3·4

중국어뱅크
문화중국어 1·2

중국어뱅크
관광 중국어 1·2

중국어뱅크
여행실무 중국어

중국어뱅크
호텔 중국어

중국어뱅크
판매 중국어

중국어뱅크
항공 서비스 중국어

중국어뱅크
시청각 중국어

정반합 新HSK
1급·2급·3급·4급·5급·6급

버전업! 新HSK 한 권이면 끝
3급·4급·5급·6급

버전업! 新HSK
VOCA 5급·6급

가장 쉬운 독학 중국어 단어장

중국어뱅크
중국어 간체자 1000

특허받은
중국어 한자 암기박사

📖 동양북스 추천 교재

기타외국어 교재의 최강자, 동양북스 추천 교재

중고급 학습

첫걸음 끝내고 보는
프랑스어
중고급의 모든 것

첫걸음 끝내고 보는
스페인어
중고급의 모든 것

첫걸음 끝내고 보는
독일어
중고급의 모든 것

첫걸음 끝내고 보는
태국어
중고급의 모든 것

단어장

버전업! 가장 쉬운
프랑스어 단어장

버전업! 가장 쉬운
스페인어 단어장

버전업! 가장 쉬운
독일어 단어장

여행 회화

NEW 후다닥
여행 중국어

NEW 후다닥
여행 일본어

NEW 후다닥
여행 영어

NEW 후다닥
여행 독일어

NEW 후다닥
여행 프랑스어

NEW 후다닥
여행 스페인어

NEW 후다닥
여행 베트남어

NEW 후다닥
여행 태국어

수험서 · 교재

한 권으로 끝내는 DELE
어휘 · 쓰기 · 관용구편 (B2~C1)

수능 기초 베트남어
한 권이면 끝!

버전업!
스마트 프랑스어

일단 합격하고 오겠습니다
독일어능력시험
A1 · A2 · B1 · B2(근간 예정)